동유럽
슬로바키아

동유럽 슬로바키아

슬로바키아 소개 및 여행 관광 가이드북

Dedicated to Vierka, the one I love

프롤로그

6월 어느 날 이 글이 마무리될 즈음 금요일 저녁에, 이 책에 삽입할 사진 몇 장을 찍으러 'Banská Štiavnica("반스까 슈찌아브니차")'로 향했다. 다음 날 새벽 3시경, 배가 아파서 그저 '소화 불량이 걸렸겠구나.' 하고 정로환 몇 알 먹었는데, 그날 오전에도 계속 배가 콕콕 쑤셔 온다. 같이 간 친구들을 우선 시내에 태워다 주고, 난 속이 불편해 다시 숙소로 돌아왔다. 잠시 쉬면 괜찮아지겠지 했는데, 토를 하다가 배를 움켜쥐고 그 자리에 쓰러졌다. 걸을 수도, 움직일 수도 없다. 통증이 장난 아니다. 휴대전화를 꺼내 친구에게 급하게 전화를 한다.

- Please call me an ambulance. I'm very sick now. (구급차를 불러줘, 내가 지금 너무 아파.)

- Why? How sick? (왜, 어떻게 아파?)

- I can't move. My stomach hurts so bad. Just call me an ambulance right away. I'm in pain. (난 움직일 수 없어. 배가 아파. 구급차 불러줘. 나 지금 통증이 심해.)

그러고 몇십 분을 바닥에서 뒹굴었다. 응급 구조대 2명과 함께 구급차가 달려왔다. 이루 말할 수 없는 고통 속에 이를 악물며 참고 또 참는다. 링겔 진통제를 더 달라고 했지만, 저혈압 상태라 위험해서 더 줄 수 없단다. 이를 악물고 으드득 바득대며 'Žiar nad Hronom("지아르 나드 흐로놈")' 병원에 겨우 도착했다. 엑스레이 찍고, 초음파 검사도 한다. 결석이란다. 자연 배출이 될 확률이 높으니, 우선 기다려 보잰다. 혈압은 이미 뚝 떨어졌고, 진통이 몇 차례 더 올 거라 2일 정도는 입원해야 한단다. 우선 살고 보자. 보험증과 신분증을 넘겨준다. 바로 입원.

이 병원 사람들은 친절하다. 입실 당시 들은 바로는, 이 병원에 영어할 줄 아는 사람이 한 명도 없다고 했는데 젊은 간호사도, 젊은 의사도 영어 다 할 줄 안다. 아무래도 부끄러움을 많이 타고 나서길 꺼리는 이 나라 사람들의 특성 때문이 아닐까? 그날밤 통증은 다시 돌아와 날 괴롭혔지만, 견디고 견뎌냈다. 다음 날 퇴실하기 전에 쌀밥이 있는 점심 식사도 준다. 고맙다. 무료 식사에, 무료 숙소까지 제공해주고, 최상의 서비스로 나를 보호해주어서 감사할 뿐이다. 이 낯선 마을에서 응급 환자로 실려가는 강렬한 추억 거리가 탄생했다. 적어도 관광 목적으로는 이곳에 다시 와야겠다. 쓰러지기 전, 아침 숙소로 향하기 이전 10분 정도가 그곳 관광의 전부였다.

체코슬로바키아 국가만 들어봤지, 슬로바키아에 관해서는 깜깜 무지한 채, 이곳 슬로바키아에 넘어온 지 오래. 처음엔 한 3~4년 살겠지 했는데, 어느 순간 영주권이 생기고 중고 차량을 사더니, 조그마한 아파트에 살면서 작은 만족에 겨워 하루하루를 감사히 살아가고 있다. 우선 비교 문화가 덜해서 좋다. 옆집이 명차를 몰던, 100평 아파트에 살던, 나와 내 가족이 잘먹고 잘살면 된다. 그 남자가 고급차를 몰던, 그녀가 명품백을 메고 다니던, 1유로짜리 커피와 함께 수다 떨고, 1유로짜리 맥주 한잔을 마시며 인생 이야기하는 친구들이 있어서 좋다. 그리고 결혼하란 말 안 들어서 좋다. 한국 살 때는 하루에도 수차례 듣는 이야기다. 기혼자들이 자기도 당했으니 너도 당해보라는 심보인지, 아니면 자기는 너무 행복하니 자기와 같은 행복을 누리라고 권장하는 이야기인지 몰라도, 남의 인생 훈수는 사절이다. 본인이 행복하면 그만이다. 다 자연 섭리겠지. 억지로 끼

워 맞추면 언젠가는 틀어진다. 지금 이곳에서 가까운 친구들, 멀리 있는 가족들 모두에게 감사해하고, 같이 웃고 같이 슬퍼하며 행복한 시간을 보내고 있다.

슬로바키아는 역사적으로 오래된 강력한 기독교 국가이다. 사람들 대부분이 수줍음이 많고, 검소하기로 유명하다. 여행 갈 때 먹을 거 한 가방씩 들고 다니면 체코 아니면 슬로바키아 사람이란다. 그리 못 사는 것도 아닌데 아끼고 아낀다. 그런데 산악 민족이라 들고 일어설 때는 들고 일어선다. 애국심과 자존심은 숨겨져 있을 뿐이지, 그 정도는 매우 강렬하다.

슬로바키아와는 무슨 인연일까? 중국에서 살아보고, 캐나다에서도 살아보고, 여기저기 떠돌아다닌 나라가 적지 않지만, 나라 영토 크기가 대한민국 절반이나 될까 말까 하고 인구가 5백만이 안되는 인구의 이 나라에서 가장 오래 타국 생활을 하는 거 봐서는, 전생이건 전전생이건 인연이 있었던 게 확실하다. 파리나 로마 같은 화려함은 없지만, 수수함은 넘쳐난다. 좋을 땐 웃고, 싫을 땐 얼굴을 찡그리는 솔직한 유럽 사람들을 만

나고 싶다면, 이곳 슬로바키아보다 나은 곳이 있을까? 이 책은 그 슬로바키아에 관한 소개이고 여행자들을 위한 관광 자료이겠다. 시대가 변했다. 이 책과 더불어, 수많은 인터넷 자료와 애플리케이션을 활용해서 좀 더 여유 있고 풍성한 여행을 해볼 것을 권장한다. 행여나 이 누추한 곳까지 직접 찾아와 주실, 혹은 마음속으로라도 방문해주실 낭만 배낭여행객들께 미리 감사드린다. 작게나마 도움이 되었으면 한다.

BALINTH.
WETZLER

목 차

Good Morning Slovakia

도시, 마을별 소개

Good Morning Slovakia

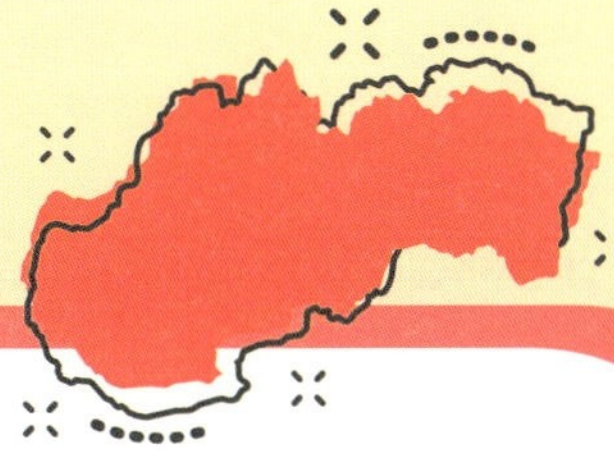

살아있는 해산물을 구하려면 지갑 좀 열어야 하고, 냉동 해산품이더라도 값이 비싸다. 며칠 전에 Kaufland 슈퍼마켓에서 친구가 먹고 싶다길래 문어 한 마리 사서 계측기에 다는데, 거즘 6유로 되는 거 보고 놀랜다. 그 한 마리라도 양념장에 볶아서 먹는데, 너무 좋아한다. 예전에 그 같은 친구가 크로아티아의 크르크(KRK) 해변가에서 주문한 해산물 음식을 보고 감동받아 하던 모습은 눈에 선하다.

1부

슬로바키아에 대하여

간단 슬로바키아어 회화

슬로바키아어	발음	뜻
Áno	아노	네.
Nie	니에	아니오.
Ahoj	아호이	안녕?
Dobrý ráno, Dobrý deň, Dobrý večer	도브레 라노, 도브리 젠, 도브리 베체르	안녕하세요. (순서대로 아침, 낮, 저녁)
Dobrú noc	도브루 노츠	밤 인사
Dovidenia	도비제니아	안녕히 가세요.
Ďakujem	쟈꾸옘	고맙습니다.
Prepáčte	쁘레빠추쩨	미안합니다.
Ľúbim Ťa	루빔 쨔	저는 당신을 좋아합니다.
Vitaj(te)!	비따이쩨	환영합니다.
Ako sa voláte?	아꼬 싸 볼라쩨	이름은 뭐예요?
Volám sa (…).	볼람 싸 (…)	제 이름은 (…)입니다.
Prosím	쁘로씸	제발요.
(Povedzte) prosím Vás, kde je (tu) záchod?	쁘로씸 바스, 끄제 예 자호드 or 베체/WC	실례합니다, 화장실은 어디에 있습니까?
Most	모스트	다리
Hora	호라	산

슬로바키아어 숫자

슬로바키아어	발음	뜻
nula	눌라	0
jeden	(예덴), 변형 형태– jedna (예드나), jedno (예드노)	1
dva	(드바), 변형 형태– dve (드베)	2
tri	뜨리	3
štyri	쉬띠리	4
päť	뺏	5
šesť	쉐스쯔	6
sedem	쎄젬	7
osem	오쎔	8
deväť	제뱃	9
desať	제쌋	10
jedenásť	예데나스쯔	11
dvanásť	드바나스쯔	12
trinásť	뜨리나스쯔	13
štrnásť	쉬띠리나스쯔	14
pätnásť	뺏나스쯔	15
šestnásť	쉐스나스쯔	16
sedemnásť	쎄젬나스쯔	17

osemnásť	오셈나스쯔	18
devätnásť	제뱃나스쯔	19
dvadsať	드바쌋	20
tridsať	뜨리쌋	30
štyridsať	쉬띠리쌋	40
päťdesiat	빼제씨앗	50
šesťdesiat	쉐스제씨앗	60
sedemdesiat	쎄젬제씨앗	70
osemdesiat	오셈제씨앗	80
deväťdesiat	제뱃제씨앗	90
sto	스또	100
tisíc	찌씨츠	1,000
milión	밀리온	1,000,000

*슬로바키아 영주권, 시민권: 조용한 유럽동네로 이민을 오거나, 여유 있게 장기간 거주 목적이 있다면, 참고할만한 정보이다. 일단 연속적으로 5년간 버티면 영구체류/영주권 취득 자격이 된다. 슬로바키아 영주권을 얻을 경우, 스위스를 포함한 EU 내에서 자유롭게 거주하면서 현지인과 같은 자격으로 직업을 얻을 수 있다. 참고 사이트: https://www.mic.iom.sk/en/

- 임시체류 허가: 사업, 근로, 학업 등 목적일 경우 신청 가능
- 영구체류 허가: 5년 이상 임시체류 허가를 받으면 신청 가능
- 시민권: 영구체류 허가를 받고 8년 후 신청 가능

주택 구매+차량 구매

현지인과 동등한 조건으로 자유롭게 구매와 판매를 할 수 있다. 종합부동산세가 없다. 주택 여러 채, 차량 여러 대 소유하고 있어도 중과세가 없다.

아파트, 주택 임대/매매 사이트

https://www.reality.sk/
https://www.topreality.sk/
https://www.real-estate-slovakia.com/

중고 차량 구매

차량 모델, 배기량, 연도 수에 따라 등록세 100~200유로 전후.
https://auto.bazar.sk/
https://www.aaaauto.sk/

참고) 차량 이동 시간: 빈 필하모닉 클래식 공연을 보러 저녁에 빈으로 갔다 온다. 몸을 좀 닦으러 부다페스트 스파를 다녀온다. 그리고 프라하 성의 야경을 보며 세계 최고의 맥주를 마시러 프라하로 향한다. 이 삼각형의 무게중심 위치 정도에 슬로바키아 수도인 브라티슬라바가 위치한다. 지리학적으로 참 매력적인 도시이다.

· 브라티슬라바->빈 (오스트리아 수도): 1시간
· 브라티슬라바->부다페스트 (헝가리 수도): 2시간
· 브라티슬라바->프라하 (체코 수도): 3시간

교민 정보

2000년대 초에 기아 자동차(KMS)가 질리나(Žilina) 도시에 조립공장을 설립하고, 몇년 후에 삼성전자(SESK)가 갈란타(Galanta) 마을에 TV 조립공장을, 삼성 디스플레이(SDSK)가 보제라디(Voderady) 마을에 공장을 세우면서, 대기업과 그 협력사들이 같이 들어오게 되었다. 한국 기업들이 슬로바키아 GDP 전체의 20%(±)를 차지할 정도로 영향력을 가지고 있다. 한국인에 대한 대우는 유럽 국가 내에서, 최상급이라 해도 과언이 아니다. "I'm from South Korea(한국에서 왔습니다)."라고 말하는 순간 베트남, 중국인과 달리, 상대방의 관심도는 높아지고, 태도가 달라질 정도이다. 몇년 전만 해도, 주말에 시내에서 맥주 한잔하다 우연히 한국인이라고 말하는 순간, 옆에 있는 현지 사람들이 내 테이블에 맥주와 현지 독주들을 무료로 몽땅 제공하곤 했다. 막춤밖에 모르는 나에게, 현지의 수많은 슬라브 미인들이 적극적으로 춤을 권했다면 믿어질까? 지금이야 아시아 관광객이 너무 늘어나 이 재미는 많이 사라졌지만, 한국인에 대한 긍정적인 인상은 변함이 없다.

- 한국기업: 기아자동차, 삼성전자 등 90여 개
- 한국인: 임시체류 허가증 소지자 1,590명(2015년 12월)

일반경비

식사

- 저렴한 식사: 2~5유로
- 음식점 식사: 4~10유로
- 고급 음식점 식사: 20유로 이상

숙소

- 저렴한 숙소: 15~20유로
- 중급 호텔: 25~50유로(더블룸 기준)
- 고급 호텔: 50유로 이상

슬로바키아는 비교적 자본주의화 속도가 늦어, 한국 사람들에게 친숙한 이웃 국가인 체코에 비해 아직까지도 저렴한 편이다. 음식, 관람료, 교통 등은 매우 싸고, 브라티슬라바를 제외하면 다른 도시에서는 숙박비 또한 저렴하다. 값싼 호스텔과 도미토리를 이용하고, 음식을 직접 요리해 먹거나 선술집, 서서 먹는 카페테리아를 이용한다면 하절기에는 일 인당 하루 25유로 정도면 무난할 듯하다. 민박이나 좀 더 나은 호스텔에서 자고, 싼 음식점에서 식사를 해결하고, 대중교통을 이용하면, 30~45유로 정도면 나름 풍요롭게 지낼 만하다. 중급 정도의 호텔이나 펜션의 욕실이 딸린 더블룸을 사용하고, 그 지방 음식 또는 서양식을 즐기려면 적어도 40~50유로 정도의 예산을 세울 것을 권장한다. 여행자가 맞추어놓은 예산에 적절하게 여행 스타일, 숙소, 식당 수준이 결정 가능하다고 말하는 게 좋겠다.

성수기인 부활절이나 크리스마스 신년 기간, 여름시즌 제외하고는 많은 저급에서 중급 호텔들은 1/3가량 또는 그 이상 가격을 내린다. 요즘은 거의 사용하지는 않지만 여행자 수표는 주요 은행이나 우체국에서 환전할 수 있다. 대부분의 주요 호텔, 식당, 가게에서 신용 카드를 사용할 수 있으며, 주요 은행의 큰 지점에서는 신용 카드로 현금 서비스를 한다. 현금자동지급기는 대중화되었지만, 시내 밖에서는 기대하지 않는 것이 좋다. 어떤 환전소에서는 손상되거나 찢어진 유로는 받지 않으니 주의해야 한다.

관광식당에서는 테이블 서비스에 대해 5~10%의 팁을 주는 것이 적당하다. 일반적으로 식당에서는 전체 음식값을 알려주고, 손님은 팁을 포함해 얼마를 지급하는지를 말하며 돈을 건네주면 된다. 서민 식당에서는 보통 끝자리만 반올림해도 괜찮다. 예) 12.7유로->13유로

슬로바키아 식습관

대부분의 슬로바키아인들은 아침 일찍 아침 식사를 한다. 주로 버터, 햄, 치즈, 삶은 달걀 또는 튀긴 달걀, 살라미, 채소, 소시지, 잼 또는 꿀과 함께 다양한 종류의 슬로박 빵을 먹는다. 어떤 사람들은 요구르트 혹은 시리얼을 선호하기도 한다. 나도 이렇게 몇 번 해봤지만, 한두 시간 후에 꼬르륵 배가 고파지는 건 어쩔 수 없나 보다. 12시 전후에 점심을 먹는다. 슬로바키아의 많은 레스토랑에서는 오전 11시부터 오후 2:30 시 사이에, 대체로 가격이 저렴한, 당일에 선택할 수 있는 일일 메뉴(denné menu)를 제공한다. 이 메뉴는 식당 문 앞에 펜 혹은 분필로 적혀 있거나, 월요일에서 금요일 날짜별 일일 메뉴가 별도 종이로 인쇄되어 식탁 위에 놓여 있기도 하다. 전형적인 슬로박 점심은 수프와 메인 코스로 구성되어 있다. 메인 코스는 보통 고기, 파스타 또는 달콤한 음식들이다. 그리고 이곳에서 먹을 것에 관하여, 한국 사람들이 한 가지 축복받은 게 있다. 그것은 바로, 대부분 식당에서 쌀밥을 찾을 수 있다는 것이다. 혹은 쌀이

포함된 음식이 주문 가능하다. "s ryžou(스 리죠우)"는 "쌀과 함께"라는 의미로, 스테이크를 먹던, 채소를 먹던, 수프를 먹던, 쌀이 먹고 싶다면, "s ryžou(스 리죠우)"라 발해보변 된다. 시간 내어 메뉴 여기저기 찾아보면, 메인 음식이 빵, 감자 혹은 쌀 중에 선택할 수 있음을 알게 될 것이다. 선택메뉴가 없더라도, 빵, 감자 대신 쌀을 갖다 주기도 해서 행복해한 경우가 허다하다.

전통 슬로바키아 음식

Bryndzové halušky: 양 치즈(bryndza)와 볶은 베이컨으로 섞인 감자 만두

Zemiakové placky: 마늘과 밀가루로 기름에 튀긴 감자 팬케이크

Granadír: 감자와 파스타

Vyprážaný syr: 빵 부스러기에 튀긴 치즈

Šnicel, Schnitzel(슈니첼): 빈 슈니첼. 한국 돈까스와 비슷함

Lokše(록쉐): 감자 팬케이크

달콤한 슬로바키아 음식

Placky: 일반 팬케이크를 칭함

Dolky: 작고 두꺼운 다양한 팬케이크

Ryžový nákyp: 달콤한 구운 케이크

Žemľovka: 과일과 달걀로 구운 흰 빵

Parené buchty: 감미로운 토핑으로 잼 가득한 찐만두

Široké rezance: 파스타

Perky: 감미로운 토핑을 가진 잼 채워진 파스타

Šišky: 튀겨진 덤 만두

슬로바키아 수프 요리

Kapustnica: 새콤한 양배추와 훈제 돼지고기 소시지로 만든 수프, 버섯이나 자두를 추가하여 만들기도 한다.

Fazuľová polievka (콩 수프): 콩, 당근, 파슬리와 같은 다양한 채소 재료

Cesnaková polievka (마늘 수프): 일반적으로 닭 국물에 졸인 국

Gulášová polievka (굴라쉬 수프): 쇠고기, 파프리카, 감자 사용. 한국 된장찌개와 비슷함.

슬로바키아 독특 음식

Bryndza: 전통 슬로바키아 치즈의 특별한 유형

다른 치즈: Parenica, Oštiepok, Korbáčik

Treska v majonéze: 대구, 마요네즈 및 다양한 채소가 들어있는 샐러드

Valašský trdelník: 통 모양의 케이크

Jaternica: 돼지고기 그리고 쌀이 섞인 소시지

Klobása: 소금, 마늘, 후추로 된 돼지고기 소시지

물고기 요리: 송어(pstruh)와 잉어(kapor)

슬로바키아 음료

슬로바키아는 맥주, 와인 및 전통적인 슬리보비차를 포함하여 자신들만의 술을 가지고 있다. 맥주는 노인과 젊은 여성을 포함하여 모두에게 대단히 인기가 있다. 선택할 수 있는 꽤 다양하고, 지역마다 고유한 맥주 종류도 있다. 가장 인기 있는 슬로바키아 맥주는 Zlatý Bažant, Corgoň, Šariš, Smädný mních, Stupavar 또는 Topvar이다. 슬로바키아 맥주 혹은 옆 동네인 체코, 독일, 폴란드 맥주를 한 번 마셔보면, 우리가 그동안 잘못된 맥주 맛에 길들여진 건 아닌가 하는 생각이 들 정도이다. 한국에서는 라거 스타일의 시원한 맥주가 대세였기에 '오리지널 그래비티 공법'의 유럽 맥주 생산 공급이 적었다 하는데, 일단 기존에 선택 폭이 적었던 맥주 시장은 문제가 있어 보인다. 그건 그거고, 여기 유럽 맥주가 참 부드러운데, 슬로바키아 맥주는 값싸기까지 한다. 무한 감동을 받을 준비가 되어 있나요?

와인은 슬로바키아에서 매우 인기 있는 음료이다. 와인을 만드는 포도는 남부 지방에서 자란다. Tokaj는 가장 잘 알려진 상표이다. 브라티슬라바(Bratislava)뿐 아니라 모드라(Modra), 페지노크(Pezinok), 니트라(Nitra) 지역에서 생산된 와인이 시중에 유통이 많이 된다. 화이트 와인이 레드 와인보다 더 맛있다는 평이 있는데, 둘 다 저렴하고 맛있다. Slivovica(슬리보비차, 매실주로 만든 술)와 Borovička("뽀로비치까", 산딸기로 만든 술)는 슬로바키아에서 항상 인기 있는 전통 술이다.

Vinea는 아로마 또는 합성 착색제가 첨가되지 않은 포도 주스로 만든 청량음료이며 저온 살균 과정을 거친다. 코폴라(Kofola)는 전통적인 슬로비키아 콜라 음료이며 슬로바키아 사람들에게도 매우 인기가 있다. 커피와 콜라를 섞어놓은 맛 정도라 생각하면 되는데, 처음 마실 때는 이상하다 생각했는데 지금은 점심 식사 때마다 들이킨다.

슬로바키아는 광천수가 풍부하다. 슬로바키아에는 많은 광천수 샘이 있다. 병에 든 생수는 다양한 크기로 판매된다. 스파클링 워터, 비 스파클링 미네랄 워터 모두 구매 가능하다. 미네랄 워터는 슬로바키아에서 인기 있는 청량음료이다. 스파클링 워터/with gas=perlivá voda("뻬를리바 보다"), 일반 생수/no gas=neperlivá voda("녜뻬를리바 보다")

커피는 슬로바키아에서 매우 인기 있는 음료이기도 하다. 슬로바키아 사람들은 터키 스타일의 커피, 네스카페, 에스프레소 또는 카푸치노를 포함하여 다양한 종류의 커피를 마신다. 커피 마시는 것도 그들의 문화 행사라 할 수 있다. 슬로바키아 사람들은 맥주를 마시러 나가는 것처럼 커피를 마시기도 한다.

치안 정보

테러나 납치 등은 거의 발생하지 않으나, 최근 외국 관광객이 늘어나면서 소매치기, 폭행 범죄도 함께 증가하고 있다. 야간 치안 상황은 어디나 마찬가지로 위험성이 있으며, 시내에서 귀중품, 카메라 등을 대상으로 하는 소매치기는 항상 주의가 필요하다.

슬로바키아 공화국 소개

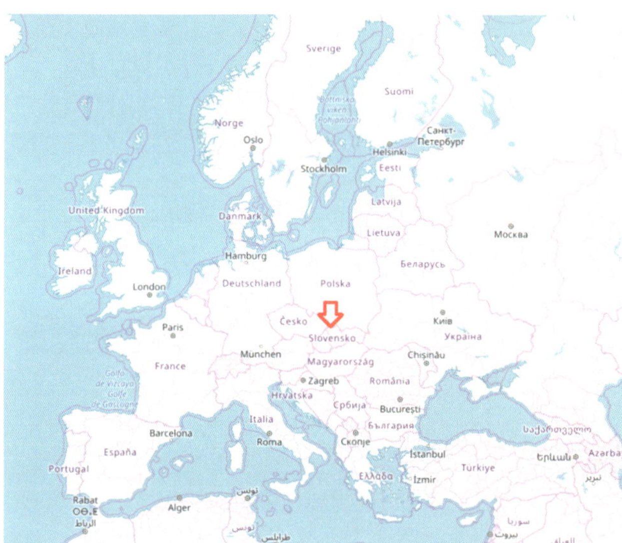
Sverige
Suomi
Norge
Oslo
Санкт-Петербург
Helsinki
Stockholm
Eesti
United Kingdom
Danmark
Latvija
Lietuva
Москва
Ireland
Hamburg
Беларусь
London
Deutschland
Polska
Paris
Česko
Київ
Slovensko
Україна
München
Chişinău
France
Magyarország
Zagreb
România
Hrvatska
Србија
București
Italia
България
Barcelona
Roma
Скопје
España
İstanbul
Türkiye
Portugal
Ελλάδα
İzmir
Rabat
Alger

국 기

국 장

국 가 타트라 산맥 위에 번개가 쳐도 (Nad Tatrou sa blýska)

수 도 브라티슬라바 (Bratislava) 북위 48° 08′ 38″ 동경 17° 06′ 35″

공용어 슬로바키아어

정치체제 공화제, 단일제, 의원내각제

독 립 체코슬로바키아로부터 독립 1993년 1월 1일

지 리

면적	49,036km^2 (127위), (한반도의 1/4)
표준시간대	중앙유럽 표준시 (협정세계시+1)
서머타임	중앙유럽 여름 시간 (협정세계시+2)

인 구

2016년 어림	5,435,343명 (116위)
인구 밀도	111명/km^2 (88위)

경 제

GDP(명목상)	2018년 어림값
전체	$1110억
일 인당	$20,508 (40위)
화폐	유로(€, EUR), 2008년 12월 31일까지는 슬로바키아 코루나(Sk, SKK)

민족구성

슬로바키아인(80.7%), 헝가리인(8.5%), 로마인(집시, 2.0%), 체코인(0.6%), 루신인(0.6%), 우크라이나(0.1%), 독일(0.1%), 폴란드인(0.1%), 모랍비아인(0.1%), 비성(7.2%)

종 교

로마가톨릭(69%), 개신교(8%), 그리스정교(4%), 무교 또는 기타(18%)

기 타

도메인	.sk, .eu(EU회원국들과 공유)
국제 전화	+ 421 1997년까지는 체코 공화국의 42번을 사용했다.
국제 자동차 번호판	SK

회원국인 국제기구

EU(유럽연합), NATO(북대서양조약기구), UN(국제연합), UNESCO(국제연합교육과학문화기구), OECD(경제협력개발기구), OSCE(유럽안보협력기구), CERN(유럽원자핵공동연구소), WHO(세계보건기구), INTERPOL(국제형사경찰기구) 등

슬로바키아 공화국(슬로바키아어: Slovenská republika "슬로벤스까 레뿌블리까" 발음에 가까움.), 약칭 슬로바키아(슬로바키아어: Slovensko "슬로벤스꼬" 발음에 가까움.)은 중앙유럽에 있는 공화국이다. 바다가 없고 육지에 갇힌 국가로서 남서쪽으로 오스트리아, 서북쪽으로 체코, 북쪽으로 폴란드, 동쪽으로 우크라이나, 남쪽으로 헝가리와 국경을 접해 있다. 이런 지리학적 이유로 살아있는 해산물을 구하려면 지갑 좀 열어야 하고, 냉동 해산품이더라도 값이 비싸다. 며칠 전에 Kaufland 슈퍼마켓에서 친구가 먹고 싶다길래 문어 한 마리 사서 계측기에 다는데, 거즘 6유로 되는 거 보고 놀랜다. 그 한 마리라도 양념장에 볶아서 먹는데, 너무 좋아한다. 예전에 그 같은 친구가 크로아티아의 크르크(KRK) 해변가에서 주문한 해산물 음식을 보고 감동받아 하던 모습은 눈에 선하다. 해산물 요리가 적어 아쉽지만 슬로바키아 감자, 치즈, 돼지고기, 소고기, 닭고기, 채소 요리들 대부분이 맛있으니, 절망할 이유는 없다.

수도는 브라티슬라바(Bratislava)이며 슬로바키아어가 공용어이다. 이 나라의 민족구성은 서슬라브족에 속하는 슬로바키아인이 대부분이고, 헝가리인은 2번째로 주요 민족구성을 이루고 있다. 이름이 비슷한 슬로베니아는 이 나라처럼 슬라브족에 속하지만, 슬로바키아인은 폴란드· 체코에 가까운 민족이며, 슬로베니아인은 주로 주변 남슬라브족과 연관성이 깊다.

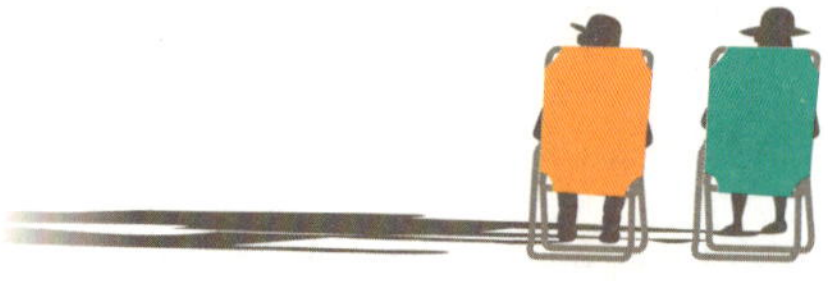

수도

슬로바키아의 수도는 브라티슬라바(Bratislava, "브라찌슬라바" 발음에 가까움.)이다. 20세기 초까지만 해도 독일 이름인 프레스부르크(Pressburg)라는 영어 이름으로 널리 알려졌고, 도시 곳곳에서 Pressburg 이름을 발견할 수 있다. 석유화학공업(Slovnaft 정유회사가 주도)이 발달해 있으며 1968년의 체코 사태에서의 '브라티슬라바 선언'으로 유명하다.

*잡담: 개인적으로, 수도 이름 Bratislava(브라티슬라바, "브라찌슬라바" 발음에 가까움.)을 제대로 부르기 시작한 게 슬로바키아로 넘어온 지 한참이 되어서였다. 도시 이름치고는 너무 길고 익숙지도 않은 단어들이기 때문이다. 한국 친구들과 대화할 때는 "브라티"라고 짧게 부르곤 한다. 다른 사람들은 "블바"라고도 하는데, '블'라티 슬라'바'의 잘못된 발음에서 기인한다. 가까운 슬로바키아 여성 친구에게 "브라"라고 호칭했다가 서로 엄청 당황스러워한 적도 있다.

슬로바키아어

슬로바키아에서는 슬로바키아어가 공용어이다. 일부 지역에서 헝가리어, 독일어, 폴란드어, 체코어가 사용된다. 슬로바키아는 프랑코포니(Francophonie, 프랑스어를 사용하는)의 참관국이다. 1993년, 체코와 분리된 이후 젊은층에서는 체코어를 모르는 사람이 많다. 아무래도 국제화 시대이다 보니 영어도 널리 사용한다. 슬로베니아어는 슬로바키아어처럼 슬라브어파에 속하지만, 체코어처럼 많이 통하는 언어는 아니다.

1. 슬로바키아어(슬로바키아어: Slovenský jazyk 또는 Slovenčina)

서슬라브어군에 속하는 언어로, 동유럽에 위치한 슬로바키아의 공용어이다. 사용 인구는 대부분 슬로바키아인이다. 체코어와 유사하여 두 언어 간에는 상호 의사 소통성이 있다. 그 외에 같은 서슬라브어군에 속하는 폴란드어와도 상당한 유사성이 나타난다. 이 언어는 역사, 지리적 이유로 인해 독일어(오스트리아식 독일어), 폴란드어, 우크라이나어와 함께 헝가리어의 영향도 조금 받았으며, 이는 어휘 면에서 드러난다.

2. 사투리

동부-중부-서부의 3갈래의 방언군으로 나뉘어 있다. 동부 방언과 서부 방언은 비슷하고, 중부 방언은 남슬라브어(특히, 크로아티아어와 슬로베니아어)와 일부 공통점을 갖고 있다.

3. 다른 언어와의 관계

슬로바키아어와 체코어는 유사하며 대화도 거의 통한다. 체코어와 슬로바키아어는 슬로바키아의 극동부 방언, 체코어의 모라비아 방언을 제외하면 어느 정도 통한다. 그러나 폴란드어로는 일반적으로 상호의사소통이 가능할 정도는 아니다.

슬로바키아에 수년째 살고 있지만, 슬로바키아어를 아직 기초 정도만 한다. 음식 주문하고, 택시 부르고, 물건 구매하고, 인사할 정도의 수준은 되지만, 좀 더 깊은 주제를 다루면 아쉽게도 대화가 단절된다. 슬로바키아어가 같은 단어라도 사용되는 위치에 따라, 그리고 성별에 따라 어조사처럼 끝이 바뀌어 사용되어 문법 일일이 따지며 대화하려면 머리가 좀 아프다. 하지만 이미 영어와 거의 같은 알파벳을 사용하고, 쓰여진 대로 발음 내어 읽고, 발음 나는 대로 쓸 수가 있는 상점으로 인해 노력만 한다면 어느 정도 정복 못 할 언어는 아니다. 그래도 여전히 슬로바키아어가 초보 수준인 이유는, 아무래도 동기 부여가 부족하고 내가 게을러져서 그런 게 아닐까 생각한다. 중국 북경에서 중국어 배울 때 혹은 캐나다 토론토에서 영어 마스터할 당시의 학습 의지의 10분의 1만 가지고 있으면 좋으련만, 배우려는 욕심도 줄고, 점점 살쪄서 볼록해지는 뱃살, 나잇살에는 그냥 그러려니 하는 관대함을 나의 슬로바키아어가 여전히 초보인 변명으로 삼고 싶다.

지리/기후

대체로 대륙성 기후에 속해 있어 한서의 차가 심하며 일부 고지대는 연간 130일 동안 눈이 덮여있다.

슬로바키아는 유럽의 중심에 있는데 카파시안 산맥(Carpathian)의 북서쪽 끝에 걸쳐있고, 북쪽으로는 폴란드 평원과, 남쪽으로는 헝가리 사이에 위치해 명확한 경계를 이루고 있다. 장대한 하이 타트라 산맥(High Tatra/

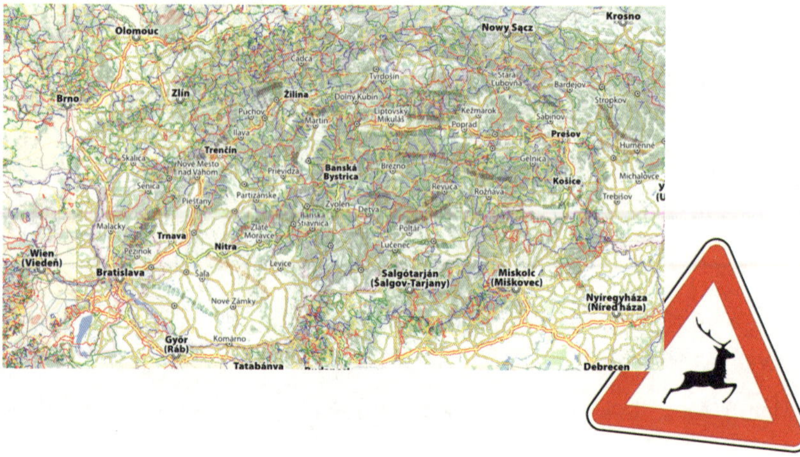

Vysoke Tatry, "비쏘께 따뜨리") 대역은 슬로바키아의 북동쪽 국경을 따라 있고, 폴란드와 공유하고 있다.

게를라호프스키(Gerlachovsky)가 타트라(Tatra)의 가장 높은 봉우리이다. 슬로바키아의 거의 80%가 해발 750m 이상이지만, 니트라(Nitra) 남쪽 부분은 비옥한 평야로, 헝가리와 국경을 맞대고 있는 다뉴브강(Danube, 슬로박어로는 Dunaj)까지 뻗어있다. 슬로바키아는 북서쪽으로는 체코와, 남서쪽으로는 오스트리아와, 동쪽으로는 우크레인, 남쪽으로는 헝가리와 국경을 맞대고 있다.

수세기에 걸친 벌목에도 불구하고 너도밤나무와 가문비나무로 이루어진 숲이 국토의 40%를 차지한다. 곰, 늑대, 스라소니, 마멋, 샤모아, 수달, 밍크 등의 야생 동물이 타트라 산 고지대에 서식하고 있다. 타트라 산 외에 있는 국립 공원에도 적은 수지만 이러한 야생 동물들이 살고 있다. 야간 운전 시에, 낮 시간에 따뜻해진 도로 위에 야생 동물들이 누워 있는 경우가 많으니, 특히 조심하자.

사슴, 꿩, 자고, 오리, 기러기, 황새, 뇌조, 독수리, 콘도르 등이 교외에서 발견되기도 한다. 슬로바키아의 교외 지역은 제2차 세계대전 후 급속한 산업화 과정을 겪은 규모가 큰 도시라 하더라도, 다른 유럽 나라와 도시들만큼 오염되지는 않았다. 시외로 자동차로 몇 분만 달려도 한적한 농촌 마을 풍경이다. 봄에는 노란 유채꽃의 바다, 여름에는 해바라기의 파도, 가을에는 밀·보리밭의 향연, 겨울에는 순백 겨울 동화 세상으로 변한다.

슬로바키아는 습한 대륙성 기후로 인해 여름에는 덥고 비가 많으며, 겨울에는 춥고 눈이 많으며, 기온변화가 완만하다. 어느 곳이건 7월이 가장 덥고, 1월이 가장 춥다. 여름이라 하더라도 한국처럼 더운 날은 다 합쳐야 2주 정도이다. 온도가 30도 중후반이라 할지라도 습도가 낮아서 견딜 정도이고, 햇볕을 피해 그늘에 가면 더운 느낌도 별로 없다. 12월에서 2월까지는 저지대라 하더라도 영하로 떨어지고, 산간지방은 더욱 춥다. 겨울이 한국보다 긴 느낌이고, 건조함에 익숙지 않은 한국 사람에게는 가습기를 강력 추천한다. 여름날의 길고 뜨거운 날씨도 갑작스러운 번개, 천둥비로 땅을 식히기도 한다. 가장 건조한 지역은 슬로바키아의 남부 저지대이다. 겨울에는 40일에서 100일간 눈이 내리며(산간지역은 130일), 저지대에는 안개도 종종 낀다.

역사

1919년에 체코슬로바키아에 합병된 상태에서 독립을 완수하기 전에는 헝가리의 지배를 받았다. 1939년부터 잠시 독일의 괴뢰정권인 슬로바키아 공화국이 있었으나, 다시 체코슬로바키아로 돌아갔다.

국민 투표를 통해 1993년 1월 1일자로 체코와 평화롭게 분리되었다. (이 분리를 통상 "벨벳 이혼"이라 칭한다. 영어로는 Velvet divorce, 슬로바키아어로는 Rozdelenie Česko-Slovenska) 이 벨벳 이혼에 대해서는, 두 나라 정치가들이 각 나라 대표가 되고자 하는 목적으로, 특별한 다툼도 없고, 양육권 법정 투쟁도 없는 '합의 이혼'이라고 보면 쉽게 이해할 수 있을 것 같다. 이 분리 전후에 다수의 생산 공장들은 체코 쪽에 위치하고 있었던 바, 두 나라 간의 경제적인 차이는 상당했다. 슬로바키아는 2004년에는 유럽 연합에 가입했고, 2009년 1월 1일부터 유로를 공식 화폐로 도입했다. 이 유로 화폐 도입은 슬로바키아와 주변 유로 사용 국가들과의 생산, 무역 교류의 장벽을 낮게 해주어, 향후 슬로바키아 경제 활성의 신의 한 수가 된다.

〈역사적인 합병〉

8세기 후반~833년	Nitra 공국
833~907	그레이트 모라비아 제국
907~1000	헝가리 공국
1000~1526	헝가리 왕국
1526~1804	헝가리 왕국(합스부르크 군주국의 왕국)
1804~1867	오스트리아 제국
1867~1918	오스트리아 헝가리 제국
1918~1938	최초의 체코 슬로바키아 공화국
1938~1939	두 번째 체코 슬로바키아 공화국
1939~1945	최초의 슬로바키아 공화국
1945~1948	세 번째 체코슬로바키아 공화국
1948~1990	체코슬로바키아 사회주의 공화국
1990~1992	체코 슬로바키아 연방 공화국
1993~현재	슬로바키아

주민/인구

슬로바키아는 슬로바키아인의 민족 국가로서 발족했지만, 헝가리인, 독일인, 루신인, 우크라이나인, 로마인, 러시아인, 유대인도 뒤얽혀 살고 있다. 지명에도 슬로바키아어뿐만 아니라 헝가리어나 독일어에서 유래한 이름이 많이 있다.

1920년의 트리아농 조약(Treaty of Trianon)에 의해, 제1차 세계 대전의 패전국으로 여겨진 오스트리아-헝가리 제국이 해체되고 범슬라브주의의 영향을 받았던 슬로바키아인은 헝가리인과 독일인의 거주지를 포함한 상태로, 체코와 합병한 형태로 독립을 완수했다.

슬로바키아인은 원래 산악 민족이며, 전체 인구의 10% 정도가 헝가리인이다.

1) 슬로바키아인 80.7%

슬로바키아인(Slovak)은 슬로바키아 인구의 대부분을 차지한다. 모국어로 슬로바키아어를 쓰는데, 체코어와 완전 호환 관계에 있어 민감한 법률 문제나 공문서에서도 통번역을 요구하지 않는다. 체코인(Czech)과는 서로 '형제'라고 칭하고, 심지어 서로의 나라가 스포츠에서 좋은 성적을 거두거나 우승까지 올라가거나 하면 열렬하게 응원해준다. 다만 같은 민족이냐고 물어보면 두 민족 간의 차이점을 설명하려고 열심히 애를 쓴다. 미국-캐나다, 호주-뉴질랜드와 비슷한 관계라고 보면 되겠다.

2) 헝가리인 8.5%

10세기 이래 천년 동안 헝가리의 지배를 받으면서 헝가리인은 슬로바키아 남부 일부 지역 인구의 상당수를 차지하게 되었다. 모국어는 헝가리어이다. 이들은 EU 가입국인 헝가리로 이주할 수 있지만 계속해서 슬로바키아 국민으로 남아있다. 헝가리인이 많은 지역에서는 슬로바키아어는 제2외국어에 불과하고 일상생활에 사용할 일이 없기 때문에, 슬로바키아 시민권자인데도 슬로바키아어를 더듬더듬 말하는 신기한 장면을 목격하게 된다. 학교에서 슬로바키아어를 가르치기 때문에 프리 토킹은 가능하긴 하다. 하지만 젊은 친구들은 슬로바키아어로 말을 거는 것보다 제1외국어인 영어로 의사소통하는 것을 더 좋아하기도 한다. 참고로 과거사 때문에 헝가리와 슬로바키아 두 나라는 서로 관계가 좋지 않다.

3) 기타 민족

기타 민족으로는 루신어를 사용하는 루신인, 우크라이나어를 사용하는 우크라이나인, 루마니어를 사용하는 집시 등이 있다. 이 중 집시는 슬로바키아에서 차별대우를 받고 있으며, 교육과정에도 차별이 매우 심할 정도다. 지금도 이곳에서 러시아어 교육이 이뤄진다. 하지만 젊은 세대는 영어를 우선으로 교육받는다.

종 교

종교는 로마 가톨릭이 대부분이며 정교회, 이슬람교, 개신교도 소수 존재한다. 강한 기독교 국가이고, 국기를 보면 상단에 두 개의 십자가를 발견할 수 있다.

정 치

국가형태는 공화국, 정부형태는 의원내각제이다. 직접 선거로 선출하는 5년 중임제의 대통령이 국가 수반이나, 실제적인 권력은 국회의 수장인 총리에게 위임되어 있다. 행정부를 담당하는 내각과 입법기관인 의회, 그리고 사법부로 국가권력이 분리 배분되어 있다. 체코와 분리 독립 직후 유엔에 가입했다.

비 자

슬로바키아(Slovakia) 출입국 서류 규정 (한국인 기준)

여권: 유효한 여권

비자

-비자 필요 없음(무사증 체결 국가): 90일 체류 가능하다.

-예방접종: 특별히 요구되는 예방 접종 없다.

-출입국 주의사항:

특이사항은 없으나, 여타 국가와 마찬가지로 다른 국가 혹은 원 출발지로 되돌아갈 수 있는 항공권 및 충분한 여행 경비를 소지하는 것을 권고하고 있다. 입국 심사 시 추방 가능성도 있으므로 주의가 필요하다. 입국 후 호텔 등 공인 숙박시설에 머물지 않고 개인집에 머무는 경우 관할 경찰서에 체류 장소, 예정 기간 등을 신고해야 한다. (입국 후 3일 이내) 호텔 등에 머무는 경우 숙박시설 운영자가 신고하므로 신경 쓰지 않아도 된다.

한국 공관 주소 및 연락처

대사관 주소: Štúrova 16/12, 811 02 Bratislava

대사관 홈페이지: svk.mofa.go.kr

대사관 대표 이메일: rokembassy@stonline.sk

연락처: 전화 + 421-2-3307-0711/ 팩스 + 421-2-3307-0731

근무시간: 08:30 17:00 *근무시간 외 비상연락처: + 421-911-743-124 / + 421-903-743-124

산 업

고속도로를 달리면서 끝도 없이 보이는 광활한 농장과 풍부한 자연환경을 보면 부럽기까지 하다. 농업은 작물농업과 축산업이 결합한 형태로 발달하였다. 주요 농산물은 사료용 곡물과 호프 및 주곡인 밀의 생산이 가장 많고 그다음이 사탕무 생산이다. 축산업이 발달하여 육류·우유·양모 등은 중요 수출품이다.

광물자원으로는 구리·납·아연·철 등이 생산되며, 석탄·석유 및 천연가스도 생산되고 있다. 중화학공업과 제지업·의류 및 가축산업도 발달하였다. 2002년의 무역은 수출이 137억 3,400달러, 수입이 153억 2,300만 달러였다.

여행 시기

4월과 10월이 좀 쌀쌀해 싸게 여행할 수 있지만, 5월, 6월, 9월이 최적기이다. 대부분 슬로바키아인들은 7, 8월에 휴가를 즐기는데, 이때는 호텔과 여행지가 무척 붐비고, 특히 타트라 산 리조트 지역의 호스텔은 관광객과 학생들로 발 디딜 틈이 없다. 다행히도, 학생 숙소들이 관광객에게 개방됨에 따라 이 시기에 대도시의 저급 숙소들은 침대 수가 늘어난다. 브라티슬라바 같은 중심지와 산이 있는 리조트 지역은 일년 내내 관광객들에게 서비스를 제공한다. 그러나 다른 지역에서는 비수기인 10, 11월부터 3, 4월까지 대부분의 성, 박물관, 그 외 관광지 및 관련된 숙소와 교통편은 서비스를 중단한다.

축제 및 행사

공휴일에는 신년(1월 1일), 3인의 왕의 날(1월 6일), 노동절(5월 1일), 시릴과 메쏘디우스의 날(7월 5일), 크리스마스 휴가(12월 24~26) 등이 있다. 5월이나 6월에 브라티슬라바에서는 락 콘서트가 있다. 포프라드에서 서쪽으로 32km 떨어진 비혼드니 민속 축제(Východná Folklore Festival)가 6월이나 7월에 열리는데, 이때 전국 각지에서 민속 무용수들이 한자리에 모인다. 7월 초에는 슬로바키아에서 가장 많은 방문객 수를 자랑하는 음악 축제인 Pohoda(포호다/"뽀호다")는 트렌친 공항에서 개최된다. 브라티슬라바 재즈 축제는 9월에 열린다.

한 가지 주의할 점은, 국가 지정 공휴일에는 대부분의 식당, 쇼핑몰, 음식점, 슈퍼마켓이 문을 닫는다. 특히나 긴, 크리스마스 공휴일, 신년, 부활절, 노동절 공휴일 기간을 미리 확인하고 식료품을 구매해 두어야 한다. 주유소는 문을 연다.

1월 1일: 신년, 체코슬로바키아 분리 기념일

1월 6일: 기독교 공현 대축일

3월말, 4월초: 기독교 성 금요일, 부활절 연휴

5월 1일: 노동절

5월 8일: 파시즘 저항 승리 기념일

7월 5일: 기독교 성 시릴 그리고 메쏘디우스 기념일

8월 29일: 슬로바키아 혁명 기념일

9월 1일: 슬로바키아 제헌절

9월 15일: 기독교 성모 마리아 축일

11월 1일: 기독교 모든 성인의 날

11월 17일: 자유 민주주의 투쟁 기념일

12월 24, 25, 26일: 크리스마스 연휴

자국 스포츠

다른 유럽 국가들처럼, 축구가 인기가 많다. 특히 Bratislava, Trnava, Žilina, Košice 도시의 축구팀들이 유럽 축구 리그 경쟁에 가끔 참여하기도 해서, 메시를 포함한 유럽 축구 스타들이 슬로바키아로 오고 간 적도 있다.

더불어서, 아이스하키 강국이기도 하다. 체코슬로바키아 시절부터 강팀으로 군림했으며 아이스하키의 세계 강팀인 'Big Seven'의 일원이었다. 2008년부터 스위스에게 랭킹 7위 자리를 내주고 난 이후, 'Big Six(스웨덴, 핀란드, 캐나다, 러시아, 체코, 미국)' 상위 6개 팀 간의 그들만의 리그와 혼전이 고착된 지 오래되었다. 매년 세계 아이스하키 경기가 치러지는 기간에는 슬로바키아 국기를 단 자동차들이 도로상에서 많이 오고 가는 걸 볼 수 있고, 자국 경기가 있는 날에는 술집이건, 아파트이건 환호성이 여기저기서 들린다. 슬로바키아가 경기에 지는 날 저녁에는 왠만하면 시내에 나가지 않는다. 안전한 게 낫다. 그리고 국민 영웅 사이클선수인 피터 사간

(Peter Sagan)은 현재 세계 최고의 스프린터이다.

이에 더하여, 테니스의 인기는 두말할 필요가 없다. 마르티나 힝기스(Martina Hingis), 데니엘라 한투초바(Daniela Hantuchová/"데니엘라 한뚜호바"), 도미니카 치불코바(Dominika Cibuľková)와 같은 스타 플레이어뿐만 아니라, 나이별로 선수층이 두꺼워 각종 국제 대회에서 슬로바키아 선수들이 종종 등장하곤 한다.

레저스포츠

슬로바키아는 동유럽 최고의 하이킹 지역의 하나로 알려져 있고, 레프팅, 특히 피에니니 국립 공원의 두나옉 강(Dunajec River)에서의 레프팅도 유명하다. 슬로바키아 하면 훌륭한 스키 코스 또한 빼놓을 수 없다. 최고의 스키 장소로 자스나(Jasná, "야쓰나" 발음에 가까움.), 니즈케 타트리(Nízke Tatry)가 있으며, 말라 파트라(Malá Fatra)도 권할 만하다. 길이 붐비지 않고 경치도 아름다워, 슬로바키아는 사이클링에도 적지이다. 자전거를 탈 기회가 무궁무진한 비소케 타트리(Vysoké Tatry)에서는 산악 자전거를 곳곳에서 빌릴 수 있다.

슬로베니아와의 비교

같은 동유럽권에 속하는 슬로베니아와 이름이 비슷하여 헷갈리는 편이다. 각각 유럽과 오세아니아에 있는 오스트리아-오스트레일리아보다 이쪽이 더 난이도가 높다 하겠다. 슬로바키아와 국경을 접하고 있는 오스트리아 정부 웹사이트에 "We don't have a kangaroo(우리는 캥거루가 없다)."라고 첫 페이지에 팝업창을 띄운 적이 있다고 하는데, 믿거나 말거나이다.

여하튼 슬로바키아와 슬로베니아 두 나라 모두 오랫동안 오스트리아-합스부르크 왕조의 지배를 받았고 종교는 가톨릭, 슬라브족의 국가라는 공통점이 있으며 심지어 국기까지 슬라브 삼색(백-청-적)을 사용해서 비슷하게 생겼다. 또 비록 양국이 국경을 접하지는 않으나, 양국의 국경 간 최단거리는 겨우 150km이고 수도 간 거리는 300km(직선거리)에 불과하여 서울-부산 거리보다 짧다. 또한, 오스트리아와 헝가리하고 접해있다는 공통점도 있다.

두 나라는 자국/자국어를 가리키는 말도 비슷하다.

슬로베니아말로 자국/자국어는 Slovenija/slovenščina
(슬로베니야/슬로벤슈치나)
슬로바키아말로 자국/자국어는 Slovensko/slovenčina
(슬로벤스코/슬로벤치나)
슬로바키아말로 슬로베니아는 Slovinsko
(슬로빈스코)

슬로바키아로 가는 길

비행기를 이용하고자 한다면, 빈(비엔나, 오스트리아) 국제공항을 이용하는 게 가장 간단하다. 대한항공이 성수기에 직항 경로를 서비스한다. 취리히, 프랑크푸르트, 바르샤바, 모스크바, 프라하, 아랍 에미리트 등의 도시를 경유해서 서울/인천으로 오고 가는 비행기 수가 많다. 빈 국제공항에서 브라티슬라바로는 차량으로 30~40분이면 도착 가능하다. 빈 공항 도착장에서 브라티슬라바로 연결하는 버스도 많다. '체코에어라인'은 프라하로의 연결편이 잦으며, '에어 슬로바키아'는 브라티슬라바에서 텔 아비브와 쿠웨이트로 연결된다. 운행 수가 적긴 하나 타트라 에어는 취리히로 매일 운항한다.

그렇지만 실질적으로 브라티슬라바는 빈에서 겨우 64km, 부다페스트에서 215km, 프라하에서 330km 거리에 있기 때문에 대부분의 여행객들은 빈, 부다페스트, 프라하 여행 중간에 차량으로 육로를 이용하는 게 다반사이다. 빈과 브라티슬라바 간을 매일 운행하는 버스와 기차가 있으며, 부다페스트로 가는 기차 또한 많이 있다. 서슬로바키아에서 폴란드로 가는 직행기차는 없다. 그러나 동슬로바키아에서 폴란드와 헝가리로 떠나는 기차는 체코를 거치지 않는다. 매일 모스크바로 가는 두 편의 기차가 있는데, 모두 브라티슬라바와 코시제를 통해 간다.

체코, 헝가리, 폴란드, 우크라이나로 통하는 국경이 많이 있다. 슬로바키아 국경을 걸어서 넘으면 값비싼 국제교통편을 사는 번거로움을 피할 수 있다. 예를 들어, 코마르노(Komárno, 슬로바키아)와 코마롬(Komárom, 헝가리) 사이를 잇는 다뉴브강 다리를 쉽게 건널 수 있다. 4월 중순에서 9월까지 브라티슬라바와 빈 사이에 배편이 있는데, 오스트리아로 가는 아름다운 뱃길로 아침에 출발하면 점심은 빈에서 먹을 수 있다. 당일치기 여행도 가능하다.

국내 교통편

주말에는 요금이 많이 저렴해지기는 하지만, 버스가 기차보다 비싸다. 여행하는 동안 효율적이고 값싼 기차를 이용하는 방향으로 연구해보면 좋다. 버스는 보통 시간표에 나타난 시간보다 몇 분 빨리 출발하는 경우도 있으니, 출발 시간보다 10분 정도 먼저 도착하는 것이 좋다. 혹시나 버스가 오지 않는다고 당황할 필요는 없다. 주변 국가들과의 연계되는 버스

들이 많다 보니 아주 가끔 취소되는 경우가 있는데, 또 다른 추억 거리가 생긴 걸로 긍정적으로 생각하고, 다음 버스 편을 알아보자.

슬로바키아의 길은 작고 비교적 조용하기 때문에 자동차, 오토바이 또는 자전거로 혼자서 돌아다니기에도 괜찮다. 길은 주로 마을과 작은 도시를 따라 급커브길과 속도제한이 줄어드는 오래된 길로 이어진다. 그러나 대부분의 도로 상태가 좋고, 운전자들 또한 주의가 깊은 편이다. 외국 번호판의 차는 자동적으로 표적이 되니, 중요한 물건은 차에 두고 내리지 않는 것이 좋다.

렌터카도 근처 국가보다 저렴한 편이다. 미리 예약만 하면 4인이 탈 수 있는 소형차를 하루에 20유로 이하 가격으로 렌트할 수 있다(https://www.europcar.com, https://www.sixt.com, www.rai.sk/ , https://www.autoeurope.com 등). 렌터카 업체 대부분은 차를 렌트하기 전의 보증금을 신용 카드로만 받기 때문에, 신용 카드를 갖고 가길 권장한다. 차량 렌트 종료 후에는 보증금은 사용했던 신용 카드로 다시 반환되니, 사용 금액만 현금이나 다른 카드 결제해도 무방하겠다. 반환하기 전에 다시 주유하는 걸 잊지 않길 바란다. 부족한 양은 시장 가격보다 훨씬 비싼 가격으로 주유비가 카드로 결제될 수 있으니 주의하면 좋다.

슈퍼마켓/식료품 가게

웬만한 작은 동네에도 아래와 같은 슈퍼마켓, 식료품 가게가 있다. 품목들도 유사하다. 쌀은 대부분 가게에서 구매 가능하고, 중소형 가게 규모 이상에서는 아시아 라면, 쌀, 고춧가루를 구매할 수 있다.

Billa, Kaufland, Lidl, Tesco, Coop Jednota, Terno/Moja samoška

+DM: 샴푸, 화장품, 세제, 휴지 등 (식료품 제외)

슬로바키아 행정구역

슬로바키아의 행정구역은 8개의 주로 구성된다.

주명/지방	주도	인구	면적 (km²)	인구밀도
브라티슬라바 (Bratislava)	브라티슬라바	603,699	2,052.6	294.11
트르나바 (Trnava)	트르나바	554,172	4,172.2	132.76
니트라 (Nitra)	니트라	708,498	6,343.4	111.69
트렌친 (Trenčín)	트렌친	600,386	4,501.9	133.36
질리나 (Žilina)	질리나	694,763	6,808.4	102.04
반스카비스트리차 (Banská Bystrica)	반스카비스트리차	657,119	9,454.8	69.50
프레쇼프 (Prešov)	프레쇼프	98,596	8,974.5	88.98
코시체 (Košice)	코시체	771,947	6,751.9	114.33

79개 지구, 138개 도시, 2,933개 마을

2부

도시, 마을별 소개

촛불 데모로 얻은 자유

Bratislava(브라티슬라바, "브라찌슬라바")

지 역	Bratislava
지 구	Bratislava I, II, III, IV, V
해발 고도	134m
인 구	421,801명(2016)
- 도시	583,600명
- 광역도시	659,578명
우편 번호	8XX XX
전화 번호	+ 421-2
자동차 번호판	BA, BL, BT(추가 예정)
웹사이트:	bratislava.sk, bratislava-slovakia.eu
관광 지도:	https://bratislava-slovakia.eu/map (무료 다운로드 가능하다.)

Bratislava(브라티슬라바, "브라찌슬라바" 발음에 가까움. 독일어: Preßburg 또는 Pressburg, 헝가리어: Pozsony)는 슬로바키아의 수도이다. 약 45만 명의 인구가 사는 이 도시는 유럽의 작은 수도 중 하나이지만 여전히 이 나라의 가장 큰 도시이다. 광역 도시 지역에는 65만 명이 넘는 사람들이 있다. 브라티슬라바는 슬로바키아의 남서부에 위치하고 있으며 다뉴브강(Danube, 현지어 Dunaj)과 모라바강(Morava)의 좌측 강둑에 위치해 있다. 오스트리아와 헝가리를 이웃하고 있고, 두 개의 주권 국가를 이웃하는 수도 중 유일하다.

이 도시의 역사는 오스트리아와 불가리아, 크로아티아, 체코, 독일, 헝가리, 유대인, 세르비아인, 슬로바키아인 등 다양한 국가와 종교인들의 영향을 크게 받았다. 이 도시는 1536년에서 1783년까지 헝가리 왕국의 대관식 장소이자 입법 기관 중심이었고, 많은 슬로바키아인, 헝가리인 및 독일인들의 역사적 인물들의 고향이기도 하다.

브라티슬라바는 슬로바키아의 정치, 문화 및 경제 중심지이다. 이 수도에는 슬로바키아의 대통령, 의회 및 슬로바키아 행정부가 위치하고 있다. 몇몇 대학 및 많은 박물관, 극장, 갤러리 및 다른 문화 및 교육 기관들이 있을 뿐만 아니라 많은 슬로바키아의 대기업과 금융 기관들의 본사가 있다.

2017년 브라티슬라바는 함부르크와 룩셈부르크 이후 1인당 GDP(PPP)로는 유럽 연합에서 세 번째로 가장 부유한 지역으로 선정되었다. 구매력 평가에서 GDP는 다른 슬로바키아 지역보다 3배가량 높다.

어 원

이 도시는 1919년에 지금의 이름을 가지게 되었다. 오스트리아와 다른 독일 회화자들에 의해 지배되었기 때문에, 그 당시까지는 독일 이름인 프레스부르크(Pressburg)라는 영어 이름으로 널리 알려졌다. 프레스부르크는 1919년 이전의 슬로바키아어(Prešporok)와 체코어(Prešpurk) 이름으로 파생된 용어이기도 한다.

이 도시의 근대 이름에 관련해서는, 슬로바키아의 문헌학자인 파벨 요제프 샤파리크(Pavel Jozef Šafárik, 1795년 5월 13일~1861년 6월 26일)가 중세 시대 자료를 분석하는 과정에, 브라슬라프(Braslav)를 브라티슬라프(Bratislav)라고 오역하면서 발생한 오류의 공으로 돌리기도 한다. 1918~1919년의 혁명 기간, 'Wilsonov' 또는 'Wilsonstadt(우드로 윌슨 대통령 이름을 따서)'라는 이름이 미국의 슬로바키아인들에 의해 제안되기도 했다. 일부 슬로바키아 애국자들에 의해서만 사용되었던 브라티슬라바라는 이름은 1919년 3월에서야 공식화되었다.

역 사

이 지역 최초의 영구적인 정착지는 신석기 시대인 약 BC 5000년경 선형 도자기 문화로 시작된다. 기원전 200년경 켈트족의 하나인 보이(Boii)족은 최초의 중요한 정착지를 건설했고, 요새 마을을 지었다. 그들은 은화를 생산하기도 했다.

이 지역은 1세기부터 4세기에 걸쳐 로마의 영향을 받아 국경 방어 시스템의 한 지역이 되었다. 로마인들은 이 지역에 포도를 도입하여 포도주 양조의 전통을 시작했으며, 현재까지도 그 기술과 전통은 이어지고 있다.

'Brezalauspurc(브라티슬라바 옛 이름)'이라는 정착지에 대한 최초의 서면 참조는 907년으로 바바리아 육군이 헝가리인에게 패배한 프레스부르크 전투와 관련이 있다. 그것은 대 모라비아 왕국의 붕괴와 관련이 있으며 이미 내면의 쇠퇴와 헝가리인들의 공격에 의해 약화될 대로 약화되었다. 전투의 정확한 위치는 알려지지 않았지만, 일부 해석은 발라톤 호수의 서쪽으로 추정한다.

헝가리 왕국은 1526년에 모하츠스(Mohács) 전투에서 오스만 제국에 의해 패배했다. 투르크군은 프레스부르크를 포위하고 파손했지만 정복하지는 못했다. 오스만 제국의 서쪽으로의 세력 확장 영향에 따라, 이 도시는 1536년 헝가리 왕국의 새로운 수도로 지정되었고, 오스트리아 합스부르크 군주국의 일부가 되어 새로운 시대의 시작을 알리게 되었다. 이 도시는 왕들의 대관식 장소로 사용되었고, 대주교와 중요 귀족들의 사무실이 이곳으로 이사 왔다. 1536년에서 1830년 사이에 11명의 헝가리 왕과 왕비가 세인트 마틴 대성당에 대관을 했다. 17세기에는 투르크인들과의 전쟁, 홍수, 전염병 및 기타 재난과 싸움에 더하여, 반 합스부르크 봉기로 인해 인구가 감소했다.

프레스부르크(Pressburg)는 18세기에 마리아 테레지아 여왕이 통치하면서 헝가리에서 가장 크고 가장 중요한 도시가 되어 번성했다. 인구는 3배 증가했다. 많은 새로운 궁전, 수도원, 저택 및 거리가 세워졌으며, 이 도시는 이 지역 사회, 문화적 생활의 중심지가 되었다. 볼프강 아마데우스 모차르트는 1762년 팔피 궁전(Pálffy Palace)에서 콘서트를 열었다. 요셉 하이든은 그라샬코비흐(Grassalkovich) 궁전에서 1784년에 공연했다. 루드비히 판 베토벤(Rudwig van Beethoven)은 1796년 케글레비치 궁전(Keglević Palace)에서 게스트로 활동했다.

마리아 테레지아(Maria Theresa)의 아들인 요셉 2세(Joseph II)의 통치 시절 당시, 이 도시는 오스트리아와 헝가리의 연합을 강화하기 위해 1783년에 빈으로 왕관 보석을 이전한 후로 도시 중요성을 잃기 시작했다. 이후 많은 중앙 사무소들이 부다(Buda, 부다페스트 도시 일부)로 옮겨졌고, 귀족들도 따라서 이동하였다. 헝가리어와 슬로바키아어로 적힌 첫 번째 신문은 여기에서 간행되기도 했다. (1780년에 마키야 히르몬도-Magyar hírmondó, 1783년에 프레스푸르스케 노비니-Presspurske Nowiny 신문.) 18세기에 이 도시는 슬로바키아 민족 운동의 중심지가 되었다.

이 도시의 19세기 역사는 유럽의 주요 행사와 밀접하게 연결되었다. 오스트리아와 프랑스 사이의 프레스부르크(Pressburg)의 평화 조약은 1805년에 이곳에 서명되었다. 테벤(Theben) 성곽은 1809년의 전투 동안에 나폴레옹의 프랑스 부대에 의해 파괴되었다.

나폴레옹 부대 군인

(NAPOLEÓNEC)

산업은 19세기에 급속하게 발전했다. 증기 기관차를 사용하는 빈과의 새로운 구간은 1848년에 개통되었고, 1850년에는 페스트(Pest, 부다페스트의 일부) 도시로 연결되었다. 도시의 첫 번째 영구 다리인 다뉴브강(Starý most)은 1891년에 지어졌다. 1919년 3월 27일, 처음으로 브라티슬라바라는 이름이 공식적으로 채택되었다. 헝가리 군대가 퇴각한 후에 아무런 보호 장치 없이 남게 된 많은 헝가리인들은 추방되거나 도망칠 수밖에 없었다. 체코인과 슬로바키아인은 거주 집들을 브라티슬라바로 옮겼다. 반면 헝가리와 독일식의 교육은 브라티슬라바 도시에서 급격히 줄어들었다. 1930년 체코 슬로바키아 인구 조사에 따르면 헝가리인은 브라티슬라바 인구의 15.8%로 감소하게 되었다.

1938년에 나치 독일은 이웃 오스트리아를 합병했다. 그 해에 브라티슬라바 페트르잘카(Bratislava Petržalka)와 데빈(Devín, "제빈" 발음에 가까움.) 지역은, 많은 독일인이 있었기 때문에 브라티슬라바로부터 분리된 자치주가 되었다. 1939년 3월 14일 브라티슬라바는 최초의 독립 슬로바키아 공화국의 수도라고 선언되었지만, 나치의 영향으로 급속도로 쇠퇴하였다. 1941~1942년과 1944~1945년에 새로운 슬로바키아 정부는 브라티슬라바의 약 1만 5천명에 달하는 대부분의 유태인들을 추방하는 데 협력했다. (그들은 전쟁이 끝나기 전에 대부분이 살해되거나 강제 수용소로 이송되었다.)

브라티슬라바는 1944년 독일 군대에 점령되며, 동맹국에 의해 폭격을 당했고 결국 1945년 4월 4일 소련 제2 우크라이나 전선의 군대에 의해 점령되었다. 제2차 세계 대전이 끝날 무렵, 독일인들 대부분은 독일 당국의 도움을 받아 대피하였다. 몇 명이 전쟁 후에 돌아왔지만, 곧 동유럽에 널리 퍼진 독일인 추방책의 일부인 베네스 칙령(Beneš decrees)에 따라 재산 없이 퇴출되었다.

1948년 2월 체코 공산당이 체코 슬로바키아에서 권력을 장악한 후, 이 도시는 동구권의 일부가 되었다. 이 도시는 새로운 지역을 합병했고, 인구는 크게 증가하여 슬로바키아인이 90%에 다다랐다. 페트르잘카(Petržalka) 자치구에 고층의 조립식 패널 건물로 구성된 거대한 주택가가 세워졌다. 공산당 정부는 모스트 SNP(Most SNP) 다리와 슬로바키아 라디오 본부와 같은 몇 개의 장대한 건물을 새로이 지었다.

1968년 체코 슬로바키아가 공산 정권을 자유화하려는 시도에 실패하자 바르샤바 협약 군대가 이 도시를 점령했다. 그 후 얼마 지나지 않아 체코 슬로바키아 연방의 두 주 중 하나가 슬로바키아 사회주의 공화국의 수도로 지정되었다.

브라티슬라바의 반체제 주의자들은 1988년 브라티슬라바 촛불 데모와 함께 공산주의의 몰락을 예상했고, 1989년 반공산주의 벨벳 혁명의 중심지 중 하나가 되었다. 1993년 벨벳 이혼(Velvet divorce/Rozdelenie Česko-Slovenska) 이후 새로 형성된 슬로바키아 공화국의 수도가 되었다. 1990년대와 21세기 초반에 외국인 투자로 인해 경제가 급성장했다.

지리학

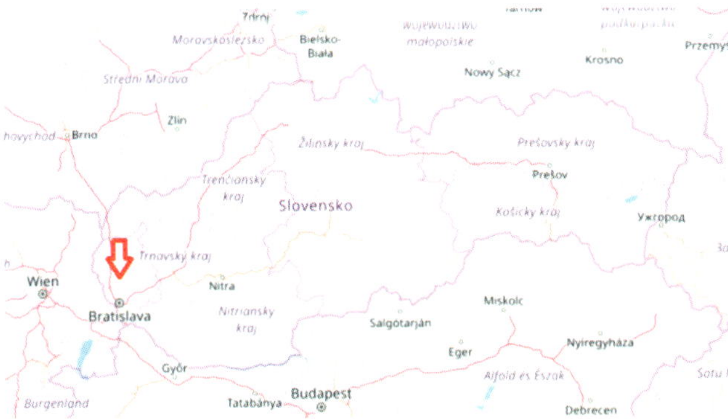

브라티슬라바는 슬로바키아 남서부, 브라티슬라바 지역에 위치하고 있다. 오스트리아와 헝가리와의 국경에 위치한 이곳은 두 나라를 국경으로 하는 유일한 수도이다. 헝가리 국경에서 단 18km, 오스트리아 수도 빈에서 60km 떨어진 곳에 있다.

이 도시는 총면적이 367.58km^{2}이며 슬로바키아에서 비소케 타트리(Vysoké Tatry) 다음으로 두 번째로 큰 도시이다. 인근 주요 도시로의 수송 경로로서 수세기 동안 번성했던 다뉴브강(Danube River, 슬로바키아어: Dunaj, "두나이" 발음에 가까움.)을 포함하고 있다. 강은 서쪽에서 남동쪽으로 도시를 통과한다. 중부의 다뉴브 분지는 브라티슬라바 서부의 데빈 게이트(Devín Gate)에서 시작된다. 다른 강은 모라바(Morava) 강으로, 도시의 북서쪽 경계선을 형성하고 데빈(Devín)의 다뉴브(Danube, Dunaj), 리틀 다뉴브(Little Danube, Malý Dunaj, "말리 두나이" 발음에 가까움.), 카를로바 베스(Karlova Ves) 자치구의 다뉴브 입구에 위치한 비드리카(Vydrica, "비드리차" 발음에 가까움.)으로 흘러들어간다. 카르파티아(Carpathian) 산맥은 이 도시 근처의 Little Carpathians(Malé Karpaty, "말레 카르빠띠" 발음에 가까움.)과 함께 시작한다. 자호리에(Záhorie)와 다뉴브 저지대는 브라티슬라바에 닿는다.

도시와 건축

브라티슬라바의 도시 풍경은 중세풍 탑과 20세기 건물의 거대함을 특징으로 하지만 21세기 초의 건설 붐에 의해 중대한 변화를 겪었다.

대부분의 역사적인 건물은 구시가지에 집중되어 있다. 브라티슬라바 시청은 14세기에서 15세기에 건립된 3개의 건물로 이루어진 복합 건물로 현재 브라티슬라바 시티 박물관(Múzeum mesta Bratislavy)을 운영하고 있다. 마이클 게이트(Michael's Gate, Michalská brána, "미할스까 브라나" 발음에 가까움.)는 중세 요새에서 보존된 유일한 문이며 도시 건물 중 가장 오래된 것 중 하나이다. 유럽에서 가장 좁은 집이 인근에 있다. 1756년에 세워진 대학 도서관 건물은 1802년부터 1848년까지 헝가리 왕국의 국회로 사용되었다. 헝가리 개혁 시대의 중요한 법안(헝가리 과학원의 세습 폐지와 헝가리 학술원의 설립 등)의 상당 부분이 그 건물에서 제정되었다.

역사적인 중심지는 많은 바로크 궁전에 의하여 특징된다. Grassalkovich Palace(Grasalkovičov palác, "그라살코비초우 빨라츠" 혹은 Prezidentský palác, "프레지덴트스끼 빨라츠")는 1760년경에 지어졌으며 현재 슬로바키아 대통령의 거주지이다. 슬로바키아 정부는 현재 ArchiPiscopal Palace(Letný arcibiskupský palác, "레뜨니 아르찌비스꿉스끼 빨라츠")에 자리 잡고 있다. 1805년 나폴레옹 황제와 프란시스 2세의 외교관은 아우스터리츠(Austerlitz) 전투에서 나폴레옹이 승리한 후 Primate's Palace(Primaciálny palác, "쁘리마찌알니 빨라츠")에서 프레스부르크의 네 번째 평화 협성에 서명했다. 작곡가 요한 네포묵 훔멜(Johann Nepomuk Hummel)은 18세기 구시가지의 한 집에서 태어났다.

주목할 만한 대성당과 교회로는 13세기와 16세기에 지어진 고딕 양식의 성 마틴 대성당(Katedrála svätého Martina)이 있는데, 1563~1830년 사이에 헝가리 왕국의 대관식 교회로 사용되었다. 프란체스코 교회(Františkánsky kostol 혹은 Kostol Zvestovania Pána)는 13세기 경의 기사 의식의 장소였고, 도시에서 가장 오래된 보존된 성례 건물이다. 그 색 때문에 푸른 교회(Modrý kostolík)로 더 잘 알려진 성 엘리자베스 교회(Kostol svätej Alžbety)는 전적으로 헝가리 Secessionist 스타일- Art Nouveau(new art)의 헝가리 형태 -로 지어졌다. 브라티슬라바에는 홀로코스트 이전에 존재했던 세 가지 주요 유대교 회당 중 하나(Bratislavská synagóga)가 있다.

19세기의 랍비 Moses Sofer(Chatam Sofer, "하땀 소페르")가 매장된 유대

인 공동묘지는 고성 전차의 입구 근처의 고성 언덕 기슭에 위치해 있다. 브라티슬라바에 있는 유일한 군사 묘지는 1945년 4월 브라티슬라바 해방 기간에 쓰러진 소련 육군 병사들의 명예를 위해 1960년에 공개된 슬라빈(Slavín)이다. 이곳은 '작은 카르파티아(Malé Karpaty) 언덕'과 도시의 훌륭한 전망을 제공한다.

다른 유명한 20세기 구조물로는 다뉴브강 건너편 UFO와 닮은 타워 레스토랑으로 유명한 Most Slovenského národného povstania(슬로바키아 민족의 폭동의 다리), Slovak Radio의 거꾸로 된 피라미드 형태의 본사(Slovenský rozhlas)와 독특한 디자인의 갑판과 회전 레스토랑이 있는 Kamzík("깜직") TV Tower가 있다. 21세기 초반에는 새로운 건축물이 전통적인 도시 풍경을 변화시켰다. 21세기 초에 건설 붐으로 개인 부동산 개발과 더불어, Most Apollo와 슬로바키아 국립 극장(Slovenské národné divadlo)과 같은 새로운 공공 구조물이 생겨났다.

브라티슬라바 성(Bratislavský hrad, "브라찌슬라우스끼 흐라드" 발음에 가까움.)
주소/위치: Zamocka ulica, Bratislava, Slovakia

도시에서 가장 눈에 띄는 구조 중 하나는 브라티슬라바 성(Bratislavský hrad)으로, 다뉴브강 위 85미터(279피트)의 고원에 위치해 있다. 고성 언덕 지역에는 석기 시대와 청동기 시대 사이의 전환기 이래 거주해왔고, 켈트족의 성체로서, 로만 제국의 일부로서, 거대한 슬라브족의 요새로서, 모라비아 왕국의 정치적, 군사적, 종교적 중대한 중심지로서의 역할을 해왔다. 돌 성은 헝가리 왕국의 일부였던 10세기까지 건설되지 않았다.

성은 1430년에 룩셈부르크의 시기스문트(Sigismund) 왕조하에 고딕 형태의 요새로 개조되었고, 1562년에는 르네상스 형태의 성이 되었으며, 1649년에 바로크 양식으로 재건되었다. 마리아 테레지아 여왕의 지배하에서는, 유명한 왕실의 자리가 되었다. 1811년에 성은 화재로 파괴되었고 폐허 상태로 유지되었다가 1950년대에 되어서야 이전의 테레사 스타일로 재건되었다.

Devín Castle(hrad Devín, 데빈 성, "흐라드 제빈" 발음에 가까움.)

주소/위치: Muranska ulica, Bratislava 841 10, Slovakia

최근 개조된 데빈 성은 오스트리아와 슬로바키아의 국경을 이룬 모라바(Morava)강이 다뉴브강에 진입하는 곳인 데빈(Devín) 자치구에 위치해 있다. 가장 중요한 슬로바키아 고고학 유적지 중 하나이며 역사에 헌정된 박물관이 있다. 그곳의 전략상 위치 때문에, 그 성은 모라바 공국 및 이른 헝가리 왕국의 아주 중요한 국경 성곽 역할을 하였다. 1809년 나폴레옹 군대에 의해 파괴되었다. 슬로바키아와 슬라브인 역사의 중요한 상징이다.

Rusovce(Rusovský kaštieľ, "루쏘우스끼 까쉬찌엘" 발음에 가까움.)
주소/위치: Rusovce, 851 10 Bratislava

영국식 공원이 있는 루소우체(Rusovce) 저택은 Rusovce 자치구에 있다. 집은 원래 17세기에 지어졌고 1841~1844년에 영국의 네오 고딕 양식의 맨션으로 바뀌었다. 인근 지역엔 라임 로마누스(Limes Romanus)의 일부인 로마 군대 캠프 게룰라타(Gerulata) 유적으로도 유명하다. Gerulata는 제1세기에서 제4세기 사이에서 지어졌고 사용되었다.

공원과 호수

작은 카르파티아 산맥(Malé Karpaty)의 산기슭과 다뉴브(Dunaj)강의 범람 지역에 위치하고 있기에, 브라티슬라바(Bratislava)는 도심과 가까운 곳에 여러 숲을 가지고 있다. 가장 큰 도시 공원은 구시가지의 호스키 공원(Horský park, 문자 그대로 뜻은 산악 공원)이다. 브라티슬라바 삼림 공원(Bratislavský lesný park, "브라찌슬라우스끼 레스니")은 작은 카르파티아(Malé Karpaty, "말레 까르빠띠")에 위치하고 있으며 Železná studienka("젤레즈나 스뚜지엔카") 및 Koliba("꼴리바")와 같은 지역은 관광객들 사이에서 인기가 있다. 이 삼림 공원은 27.3km^{2}의 면적을 차지하며 그중 96%가 오크 및 혼합 참나무/서어나무(자작나뭇과의 낙엽 활엽 교목) 숲이다. Petržalka("뻬뜨르잘까") 자치구의 다뉴브강 오른쪽 제방에는 1768년부터 1976년 사이에 설립된 얀코 크랄 공원(Janko Kráľ Park, Sad Janka Kráľa, "싸드 얀까 끄랄랴")이 있다. Malý Draždiak("말리 드라즈디악")과 Veľký Draždiak("벨끼 드라즈디악") 호수 사이의 새로운 도시 공원이 Petržalka("뻬뜨르잘까") 지역구에 계획되어 있다.

브라티슬라바의 동물원은 슬로바키아 방송(Slovak Television) 본사 근처의 믈린스카 돌리나(Mlynská dolina)에 위치해 있다. 1960년에 설립된 이 동물원은 현재 희귀한 흰 사자와 흰 호랑이를 포함하여 152종의 동물을 수용하고 있다. 코메니우스 대학(Comenius University, Univerzita Komenského)에 속한 식물원(Botanical Gardens, Bratislavská Botanická Záhrada)은 다뉴브 강변에 위치하고, 120종 이상의 국내 및 해외 원산지산 식물을 보유하고 있다.

도시에는 자연 호수와 인공 호수가 있으며, 대부분은 레크리에이션을 위해 사용된다. 예를 들면 Ružinov의 Štrkovec 호수, Nové Mesto의 Kuchajda, Zlaté Piesky와 북동쪽의 Vajnory 호수, 나체주의자들에게 인기 있는 남쪽의 Rusovce 호수가 있다.

행정/정치

브라티슬라바는 슬로바키아 의회, 대통령직, 주요 부처, 대법원(Najvyšší súd) 및 중앙 은행의 소재지이다. 그곳은 브라티슬라바 지방에 위치하고, 2002년부터 브라티슬라바 자치 지역의 도시이기도 하다. 이 도시에는 많은 외국 대사관과 영사관이 있다.

브라티슬라바는 ① 브라티슬라바 I (도심), ② 브라티슬라바 II (동부 부분), ③ 브라티슬라바 III (북동부 부분), ④ 브라티슬라바 IV (서부 및 북부 부분) 및 ⑤ 브라티슬라바 V (우측 남부 부분- 중앙 유럽의 인구 밀도가 가장 높은 주거지인 페트르잘카 구(Petržalka)를 포함한 다뉴브강(Dunaj)의 제방 지역으로 구분된다.)

Bratislava I: Staré Mesto

Bratislava II: Ružinov, Vrakuňa, Podunajské Biskupice

Bratislava III: Nové Mesto, Rača, Vajnory

Bratislava IV: Karlova Ves, Dúbravka, Lamač, Devín, Devínska Nová Ves, Záhorská Bystrica

Bratislava V: Petržalka, Jarovce, Rusovce, Čuňovo

경 제

브라티슬라바 지역은 슬로바키아에서 가장 부유하고 가장 경제적으로 번영된 지역이다. 슬로바키아 GDP의 약 26%를 차지한다. 1인당 GDP(54,400~74,000달러) (2015)는 EU 평균의 188%이며 EU 회원국 중 3

번째로 높은 지역이다.

2016년 브라티슬라바 지역의 평균 월 급여는 €1,061(구매력 평가 2,230 달러)이다.

많은 정부 기관과 민간 기업은 브라티슬라바에 본부를 두고 있다. 브라티슬라바 인구의 75% 이상이 서비스 분야에서 일하고 있는데 주로 무역, 금융, IT, 전기 통신 및 관광으로 구성된다. 브라티슬라바 증권 거래소(BSSE)는 1991년 3월 15일에 창설되었다.

폭스바겐 브라티슬라바 공장, Slovnaft 정유 공장(MOL), Eset(소프트웨어 개발 업체), Asseco(소프트웨어 회사), PPC Power(열 및 증기 생산자) 및 Trenkwalder 인력 대행사 등 고부가가치 업체들이 위치해 있다.

폭스바겐 그룹(Volkswagen Group)은 1991년 BAZ 공산주의 공장을 인수하고 확장하여 원래의 Skoda Auto 모델을 포함하여 생산을 확장해왔다. 현재 생산량의 68%가 Porsche Cayenne 차체와 섀시와 더불어 Audi Q7, VW Touareg 등과 같은 SUV 생산에 초점을 맞추고 있다. 2012년 이래로, 'Volkswagen Up!' 차량, SEAT Mii와 Skoda Citigo도 생산한다.

최근에는 브라티슬라바에서 서비스 및 하이테크 중심 비즈니스가 번성하고 있다. IBM, Dell, Lenovo, AT & T, SAP 및 Accenture를 포함한 많은 글로벌 기업들이 이곳에 아웃소싱 및 서비스 센터를 구축했거나 곧 그렇게 할 계획이다. 다국적 기업의 유입 원인으로는 서유럽과의 근접성,

숙련된 노동력, 밀도 높은 대학 및 연구 시설 때문이다.

Slovak Telekom, Orange, Slovensko, Slovenská sporiteľňa, Tatra banka, Doprastav, Hewlett-Packard Slovakia, Slovnaft, Henkel Slovensko, Slovenský plynárenský priemysel, Kraft Foods Slovakia, Whirlpool Slovakia, Železnice Slovenskej republiky, and Tesco Stores Slovak Republic와 같은 대기업들도 위치해 있다.

2000년대 슬로바키아 경제의 강세로 인해 건설 산업이 호황을 누렸으며 브라티슬라바에서 몇몇 주요 프로젝트가 완료되었거나 계획되었다. 최근 구시가지의 River Park와 Apollo 다리 근처의 Eurovea 두 프로젝트가 다뉴브(Dunaj) 강가 지역에 완료된 바 있다. 개발 중인 다른 지역은 브라티슬라바 기차역 및 버스 정류장 주변의 지역을 포함한다. 이 지역은 구시가지 근처의 이전 산업 지대와 페트르잘카(Petržalka), 노베 메스토(Nové Mesto) 및 루지노우(Ružinov)의 자치구 주변 지역에 걸쳐있다.

관광 여행

외국인 관광객은 체코, 독일, 영국, 이탈리아, 폴란드, 오스트리아에서 온다. 최근 아시아인 관광객도 현저히 늘고 있는 추세이다. Ryanair 항공사가 주도하는 브라티슬라바 향 저가 항공편의 증가로 인해 영국인들의 남자들만의 파티(Stag parties)가 생겨나기도 했다. 이 현상이 도시 관광 산업의 호황을 야기했지만, 문화적 차이와 파괴 행위는 지방 관리들에 의해 우려를 불러일으키기도 했다. 2000년대 초반부터 중반까지 브라티슬라바의 난폭한 파티의 인기를 반영한 코미디 영화『Eurotrip』이 브라티슬라바를 배경으로 하고 있으나, 실제적으로는 2004년 체코 프라하 시와 그 교외 지역에서 촬영되었다고 한다.

쇼 핑

브라티슬라바에는 많은 쇼핑 지역과 시장이 있다. 역사적인 구시가지의 거리에는 상점들이 줄지어 있다.

브라티슬라바에는 Aupark, Avion 쇼핑 센터, Bory Mall, Central, Eurovea, Polus City Center 및 Shopping Palace 등 7개의 주요 쇼핑 센터가 있다.

Avion 쇼핑 센터는 172개 매장이 있는 슬로바키아에서 가장 큰 쇼핑몰이다.

유로 베아(Eurovea)는 아폴로(Apollo) 다리 근처에 위치한 비즈니스, 소매 및 주택 단지이다. 유로 베아는 다뉴브(Dunaj) 강둑과 시내 중심을 연결한다.

크리스마스 1달 전에 브라티슬라바의 메인 광장(Hlavné námestie)에는 크리스마스 트리로 장식되어 있으며 크리스마스 시장 좌판대들이 공식적으로

열린다. 브라티슬라바 크리스마스 마켓은 특유의 분위기를 자아내고 매일 수천 명의 사람들이 방문하며, 현지인들은 가까운 친구들을 만나 와인과 전통 특선 요리를 먹고 마시며 늦은 밤까지 이야기를 나누기도 한다. 매년 약 100개의 부스가 열린다. 그곳은 저녁 시간뿐만 아니라 낮 시간대에도 열린다.

Avion Shopping Park

위치/주소: Ivanska Cesta 16, Bratislava, Slovakia

웹사이트: avion.sk

Eurovea Galleria

위치/주소: Pribinova 8, Bratislava 821 09, Slovakia

웹사이트: eurovea.sk

Aupark Shopping Center

위치/주소: Einsteinova 18, Bratislava 851 01, Slovakia

웹사이트: aupark-bratislava.sk

Central Shopping Center

위치/주소: Metodova 6, Bratislava 821 08, Slovakia

웹사이트: central.sk

Fresh Market - farmer's market

위치/주소: Roznavska 1A, Bratislava 831 04, Slovakia

웹사이트: freshmarket.sk

Old Market Hall(Stará tržnica)

위치/주소: Namestie SNP 25, Bratislava 811 01, Slovakia
웹사이트: staratrznica.sk

Polus City Center

위치/주소: Vajnorska 100, Bratislava 831 04, Slovakia
웹사이트: retail.immofinanz.com

Bory Mall

위치/주소: Lamač 6780, 841 06 Lamač
웹사이트: borymall.sk

공연 예술

브라티슬라바는 두 개의 슬로바키아 국립 극장(Slovenské národné divadlo)이 자리하고 있다. 첫 번째 건물은 Hviezdoslav 광장의 끝에 있는 구시가지에 위치한 네오 르네상스 극장 건물이다. 다른 한 곳은 2007년에 새 건물로 일반에게 공개되었고 다뉴브(Dunaj) 강가에 위치하고 있다. 이 국립 극장에는 오페라, 발레 및 드라마의 3가지 앙상블이 있다. 다른 소규모 극장으로는 브라티슬라바 인형극 극장, Astorka Korzo '90 극장, 경기장 극장, L+S 스튜디오 및 Radošina(Radošinské naivné divadlo) 극장 등이 있다.

브라티슬라바에 음악은 18세기에 번성했으며 빈 음악과 밀접하게 연결되었다. 모차르트는 6살 때 브라티슬라바를 방문했다. 이 도시를 방문하거나 거주했던 다른 유명한 작곡가 중에는 하이든, 리스트, 바르토크, 베토벤 등이 있다. 작곡가 Johann Nepomuk Hummel, Ernő Dohnányi, Franz Schmidt의 탄생지이기도 하다. 브라티슬라바는 슬로바키아 필 하모닉 오케스트라와 챔버 오케스트라인 카펠라 이스트로폴리타나의 본거지이다. 이 도시는 브라티슬라바 뮤직 페스티벌(Bratislava Music Festival)과 브라티슬라바 재즈 데이(Bratislava Jazz Days)와 같은 여러 연례 축제를 개최한다. 2000년 이래 매년 개최되는 윌슨 축제(Wilsonic Festival)는 매년 수십 개의 국제 뮤지컬 활동이 이루어진다. 여름에는 브라티슬라바 성의 브라티슬라바 문화 여름(Bratislava Cultural Summer)의 일환으로 다양한 음악 행사가 개최된다. 뮤지컬 페스티벌 외에도 지하 공연장 등에서도 유명한 팝 스타들의 다양한 음악을 들을 수 있다.

박물관 및 미술관

슬로바키아 국립 박물관(Slovenské národné múzeum)은 1961년에 설립되었고, 구시가지의 강가에 위치한다. 브라티슬라바에 본사가 있으며 자연사 박물관도 그 박물관 중 하나이다. 슬로바키아에서 가장 큰 문화 기관이며, 브라티슬라바와 그 주변에 16개의 전문 박물관을 관리한다. 1868년에 세워진 브라티슬라바 시티 뮤지엄(Múzeum mesta Bratislavy)은 슬로바키아에서 계속 운영되는 가장 오래된 박물관이다. 주요 목적은 역사적인 수집품과 고고학 수집품을 전시하여, 초기 시대부터 다양한 형태로 브라티슬라바의 역사를 기록하는 것이다. 8개의 전문 박물관에 영구 전시되어 있다.

1948년에 설립된 슬로바키아 국립 미술관(Slovenská národná galéria)은 슬로바키아에서 가장 광범위한 갤러리 네트워크를 제공한다. 브라티슬라바에있는 두 개의 전시관은 구시가지의 다뉴브 강가에 있는 Esterházy

Palace(Esterházyho palác)와 Water Barracks(Vodné kasárne) 사이에 서로 이웃하고 있다. 1961년에 창립된 브라티슬라바 시립 미술관(Galéria mesta Bratislavy)은 슬로바키아에서 두 번째로 큰 갤러리이다. 이 갤러리는 구시가지의 팔피 궁전(Pálffyho palác)과 미르바흐 궁전(Mirbachov palác)에서 상설 전시를 한다. Danubiana Art Museum은 유럽에서 가장 젊은 미술관 중 하나이며, Čunovo 댐 근처에 있다.

미디어

국가 수도인 브라티슬라바에는 전국 혹은 지역 언론 매체 다수가 위치해 있다. 이 도시에 기반을 둔 주목할 만한 TV 방송국은 Slovak Television(Slovenská televízia), Markíza, JOJ 및 TA3이다. 슬로바키아어 라디오(Slovenský rozhlas)는 도시 중심에 자리 잡고 있으며 많은 슬로바키아어 상업 라디오 방송국이 이 도시에 있다. 브라티슬라바에 본사를 둔 전국 신문에는 SME, Pravda, Nový čas, Hospodárske noviny이 있고 The Slovak Spectator라는 영어 신문사도 위치해 있다. 슬로바키아 공화국 통신사(TASR)와 슬로바키아 통신국(SITA)의 두 기관 역시 이 도시에 본부를 두고 있다.

스포츠

다양한 스포츠 종목과 스포츠팀들은 브라티슬라바에서 오랜 전통을 가지고 있고, 다양한 팀과 개인 선수들이 슬로바키아와 국제 리그 및 대회에서 경쟁하고 있다.

축구는 'Fortuna Liga'가 현재 최상의 축구 리그로서 유일한 슬로바키아 대표 클럽이다. 'ŠK Slovan Bratislava'는 1919년에 설립되었으며, 파시엔키 스타디움(Štadión Pasienky)이 본거지이다. ŠK Slovan은 슬로바키아 역사상 가장 성공적인 축구 클럽으로 1969년 유럽 축구 대회인 Winners Cup에서 우승한 유일한 체코 슬로바키아 클럽이다. 'FC Petržalka academia'는 1898년에 설립된 브라티슬라바 축구 클럽 중 가장 오래된 클럽으로, Petržalka의 Stadium FC Petržalka 1898(이전에는 Nové Mesto의 Pasienky와 Petržalka의 Štadión Petržalka)를 본거지로 한다. 그들은 현재 UEFA 챔피언스 리그 조별 리그에서 적어도 하나의 경기에서 승리를 했던 유일한 슬로바키아 팀이다. 셀틱 FC를 5-0으로 물리치고 FC 포르투와 3-2 승리를 거두며 예선 라운드에서 5-0으로 승리했었다. 그전에는 1997~1998 시즌에 FC Košice가 독립적으로 경쟁에 처음 참가한 슬로바키아 팀이었지만, 여섯 경기 모두 패했다.

브라티슬라바에는 Ondrej Nepela Winter Sports Stadium, V. Dzurilla Winter Sports Stadium 및 Dúbravka Winter Sports Stadium의 3개 동계 스포츠 경기장이 있다. HC Slovan 브라티슬라바 아이스하키팀은 Kontinental Hockey League의 브라티슬라바 대표팀이다. Ondrej Nepela Winter Sports Stadium의 일부인 Slovnaft Arena가 HC Slovan의 본거지이다. 1959년과 1992년 아이스하키 월드 챔피언십이 브라티슬라바에서 치러졌고, 2011년에는 월드 챔피언십이 브라티슬라바와 코시체에서 개최되면서 새로운 경기장도 건립되었다.

Čunovo Water Sports Centre는 가브시 코보(Gabčíkovo) 댐에서 가깝고,

화이트 워터 슬라럼과 래프팅 지역에 해당한다. 매년 여러 국내 국제 카누 및 카약 대회를 개최한다.

Aegon Arena가 있는 National Tennis Center에서는 다양한 문화, 스포츠 및 사교 행사를 주최한다. 2005 Davis Cup 결승전을 포함하여 몇 차례 데이비스 컵 경기를 개최하였다. 여성 및 남성 농구, 여성 핸드볼 및 배구, 남성 수구 종목에서 이 도시 팀들은 슬로바키아 리그 내 상위권에 있다. Devín-Bratislava 국제 마라톤은 슬로바키아에서 가장 오래된 운동 경기이고, 브라티슬라바 도시 마라톤은 2006년 이래 매년 개최된다. 경마장은 페트르잘카(Petržalka) 지역구에 있으며 경마 및 개 경주, 개 쇼가 정기적으로 개최된다.

교육 및 과학

이 도시 최초의 대학은 헝가리 왕국(현재 슬로바키아 영토를 포함함)의 마티아스 코르비누스(Matthias Corvinus) 왕이 1465년에 설립한 Universitas Istropolitana였다. 이 대학은 그의 죽음 후 1490년에 문을 닫았다.

브라티슬라바는 가장 큰 대학(Comenius University, 2만 7천여 명의 학생), 가장 큰 기술 대학(슬로바키아 기술 대학, 1만 8천여 명의 학생), 그리고 가장 오래된 예술 학교(아카데미 공연 예술 학교 및 아카데미 그리고 아카데미 미술 및 디자인)들이 자리 잡고 있다. 다른 고등 교육 기관은 공공경제 대학과 슬로바키아 최초의 사립 대학인 시애틀 시립대학교가 있다. 총 약 56,000명의 학생이 브라티슬라바에 있는 대학교에 다닌다. 그리고 65개의 공립 초등

학교, 9개의 사립 초등학교, 10개의 종교 초등학교가 있다.

슬로바키아 과학 아카데미 또한 브라티슬라바에 있다. 그러나 이 도시는 전망대 혹은 천문관이 없는 유럽의 몇 안 되는 수도 도시 중 하나이다. 가장 가까운 전망대는 30km 떨어져 있는 Modra("모드라") 마을에 있으며, 가장 가까운 천문관은 70km 떨어져 있는 Hlohovec("흘로호베츠")에 있다. 혁신 기술을 위한 중앙 유럽 단지인 CEPIT는 Vajnory에서 개발될 예정이다. 이 과학 기술 단지는 공립 및 사립 연구 및 교육 기관을 유치할 예정이다. 이 단지의 건설은 2008년에 시작될 것으로 예상되었으나 그 이후로 교착 상태에 빠져 있다.

교통/수송

중부 유럽의 지리적 위치는 브라티슬라바를 오랫동안 국제 무역 거래를 위한 자연적인 교차 지점 역할을 해 왔다.

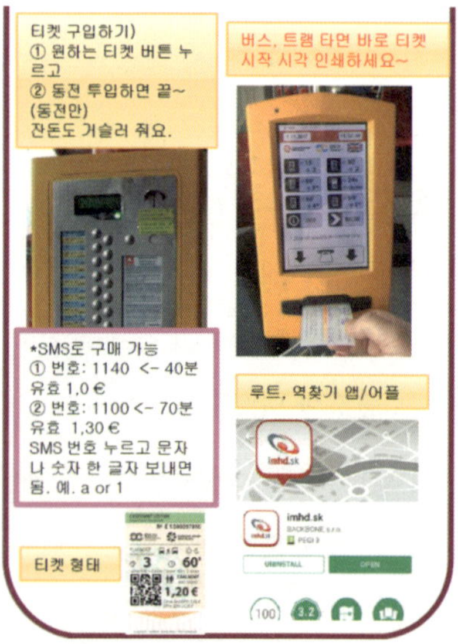

브라티슬라바의 대중교통은 도시 소유 회사인 Dopravný podnik Bratislava("도쁘라브니 뽀드닉 브라찌슬라바")에 의해 관리된다. 수송 시스템은 Mestská Hromadná Doprava(MHD, "메스까 흐로마드나 도쁘라바", Municipal Mass Transit)로 알려져 있으며 버스, 트램 및 트롤리 버스를 사용한다. 추가 서비스인 Bratislavská integrovaná doprava("브라찌슬라우까 인떼그로바나 도쁘라바", 브라티슬라바 통합 교통)는 도시 내의 기차와 버스 노선을 도시 외 다른 지점들과 연결한다.

<브라티슬라바 대중교통 이용 (환승 가능, 2018년도)>

15분 0,70€, 0,35€(할인)

30분 0,90€, 0,45€(할인)

60분 1,20€, 0,60€(할인)

*할인 대상: 아이~만15세 이하,

대학생~25세까지, 어르신~62세 초과, 장애인

철도 허브로서 오스트리아, 헝가리, 체코, 폴란드, 독일 및 다른 슬로바키아 도시와 직접 연결된다. Bratislava-Petržalka("뻬트르잘카") 기차역과 Bratislava hlavná stanica("흘라브나 스따니차") 기차역이 주요 기차역이다. 주요 버스 정류장(Autobusová stanica Mlynské Nivy, "아우또부쏘바 스따니차 믈린스께 니비" 또는 AS Mlynské Nivy)은 도심의 동쪽인 Mlynské Nivy("믈린스께 니비")에 위치하고 있으며 슬로바키아의 도시와 국제 버스 노선과의 버스 연결 서비스를 제공한다.

고속도로 시스템은 체코 공화국의 브르노(Brno), 헝가리의 부다페스트(Budapest), 슬로바키아의 트르나바(Trnava) 및 기타 지역과 직접 연결된다. 브라티슬라바와 빈 사이의 A6 고속도로는 2007년 11월에 개통했다.

브라티슬라바 항은 슬로바키아의 두 국제 항구 중 한 항구이다. 이 항구는 다뉴브(Danube, Dunaj)를 통해 흑해에 접근할 수 있으며, 라인-메인-

다뉴브 운하(Rhine-Main-Danube Canal)를 통해 북해에 접근할 수도 있다. 또한, 브라티슬라바의 여객 항구에서는 데빈(Devín, "제빈"), 빈(Vienna) 등의 노선을 포함한 관광 노선이 운영된다. 브라티슬라바에서는 현재 다뉴브강을 따라 5개의 교량이 있다. Most Lafranconi(Lafranconi Bridge), Most SNP(Bridge of the Slovak National Uprising), Starý most(The Old Bridge), Most Apollo(Apollo Bridge) and Prístavný most(The Harbor Bridge)가 있다.

브라티슬라바의 M. R. Štefánik 공항(Letisko M. R. Štefánika, "레찌스꼬 엠 에르 슈쩨파니까")은 슬로바키아의 주요 국제공항이다. 공항은 도심에서 북동쪽으로 9km 떨어진 곳에 위치해 있다. 그곳은 민간 및 정부의 국내선 및 국제선항공 서비스를 제공한다. 현재 활주로는 사용되는 모든 유형의 항공기의 이착륙을 지원한다. 브라티슬라바 도심에서 서쪽으로 49km 떨어진 빈 국제공항(Vienna International Airport)에서도 국제선 항공 서비스가 제공된다. 특히나 브라티슬라바는 라이언 에어(ryanair.com) 저가 항공사의 거점 공항 중 하나이기에, 마드리드, 더블린, 멘체스터, 아테네, 에딘버그, 버밍햄, 파리, 로마, 런던, 키에프, 볼로냐, 말타, 아인트호벤 등 다양한 유럽 도시로 몇십 유로에 갈 수 있다. 가벼운 가방 하나 들고 저렴하게 유럽 도시를 마음껏 즐길 수 있는 기회가 있다.

주요 관심장소

Bratislava Old Town (Staré mesto)

위치/주소: Staré Mesto, Bratislava, Slovakia
웹사이트: https://www.visitbratislava.com/places/bratislava-castle/

Slavín War Memorial(Vojnový pamätník Slavín)

위치/주소: Pažického, 811 04 Bratislava

웹사이트: https://www.visitbratislava.com/places/slavin/

Slovak Philharmonic

위치/주소: Palackeho 2, Bratislava 811 02, Slovakia

웹사이트: http://www.filharmonia.sk/

Hviezdoslavovo Námestie

위치/주소: Bratislava City Center, Bratislava, Slovakia

St Elizabeth's/Blue Church

위치/주소: Bezrucova 2, Bratislava 811 09, Slovakia

웹사이트: https://www.visitbratislava.com/places/blue-church/

St. Michael Street (Michalská ulica)

위치/주소: Michalska ulica, Bratislava 811 01, Slovakia

웹사이트: https://www.visitbratislava.com/places/michaels-gate/

Hlavné Námestie

위치/주소: Radničná ulica와 Rybárska brána 사이, Bratislava 811 01, Slovakia

웹사이트: https://www.citylife.sk/miesto/hlavne-namestie-bratislava

Old Town Hall (Stará radnica)

위치/주소: Primacialne namestie 3, Bratislava 811 01, Slovakia

웹사이트: https://www.visitbratislava.com/places/old-town-hall/

Michael's Gate(Michalská brána)

위치/주소: Stare mesto Michalska 24, Bratislava 811 03, Slovakia

Čumil(Man at work)

위치/주소: Rybarska brana 2, Bratislava, Slovakia

웹사이트: http://www.welcometobratislava.eu/statues-bratislava-old-town/

St. Martin's Cathedral(Dom svätého Martina)

위치/주소: Rudnayovo namestie 1, Bratislava 811 01, Slovakia

웹사이트: http://www.dom.fara.sk/

UFO Observation Deck

위치/주소: Novy Most 1, Bratislava 851 01, Slovakia

웹사이트: http://www.redmonkeygroup.com/

Schone Naci Statue

위치/주소: Rybarska brana, Old Town, Bratislava, Slovakia

Fontain Ganymed

위치/주소: Pribinová ulica, 7272/17, Bratislava, Slovakia

Bratislava Castle (Bratislavský hrad)

위치/주소: Zamocka ulica, Bratislava, Slovakia

웹사이트: https://www.visitbratislava.com/places/bratislava-castle/

Statue of Hans Christian Andersen

위치/주소: Hviezdoslavovo namestie 13, Bratislava 811 02, Slovakia

Napoleon's Army Soldier (NAPOLEÓNEC/Napoleonský vojak)

위치/주소: Hlavne Namestie, 811 01 Bratislava, Slovakia, Bratislava, Slovakia

Fountain of St. George and the Dragon

위치/주소: Primate Palace Courtyard Primacialne namestie 1, Bratislava 811 01, Slovakia

Primates' Palace (Primacialny palac)

위치/주소: Primacialne namestie 1, Bratislava 811 01, Slovakia

Maximilian's Fountain

위치/주소: Hlavne namestie, Bratislava, Slovakia

Franciscan Church and Monastery

위치/주소: Františkánske namestie, 2, Bratislava 811 01, Slovakia

Holy Trinity Column

위치/주소: Hviezdoslavovo námestie, 4-5, Bratislava, Slovakia

Building of Slovak Radio

위치/주소: Mytna 1, Bratislava 811 07, Slovakia

웹사이트: rtvs.sk

Grassalkovich Presidential Palace

위치/주소: Bratislava-Old Town | Hodzovo Namestie, Bratislava 811 06, Slovakia

웹사이트: https://www.prezident.sk/page/sidlo/

Kostol Trinitarov

위치/주소: 11 Zupne Namestie, Bratislava 811 03, Slovakia

웹사이트: http://www.dokostola.sk/kostol/farsky-kostol-najsvatejsej-trojice-trinitari

Church and Monastery of the Poor Clares (Kostol Klarisiek)

위치/주소: Klariska 5, Bratislava 811 03, Slovakia

Sigismund Gate

위치/주소: Alexandra Dubceka ulica, 1, Bratislava, Slovakia

Jesuit Church (Juzuitsky kostol)

위치/주소: Frantishkanske namestie 4, Bratislava 811 01, Slovakia

Chatam Sofer Memorial

위치/주소: Nabrezie arm. gen. L. Svobodu

웹사이트: http://www.chatamsofer.sk/

와인 하나로 큰 부를 누렸던

Pezinok(페지노크/"뻬지노크")

지 역	Bratislava
지 구	Pezinok
고 도	152m(499ft)
인 구	24,070(2014년 12월 31일)
우편 번호	902 01
지역 번호	+ 421-33
자동차 번호판	PK
웹사이트:	www.pezinok.sk

Pezinok(페지노크, "뻬지노끄" 발음에 가까움. 헝가리어: Bazin, 독일어: Bösing)은 슬로바키아 남서부의 한 마을이다. 브라티슬라바에서 북동쪽으로 약 20km 떨어져 있으며 2014년 12월 현재 24,070명의 인구가 살고 있다.

페지노크는 작은 카르파티아 산맥(Malé Karpaty) 근처에 위치해 있으며 포도 재배 및 농업뿐만 아니라 벽돌 제조업 및 도자기 생산업도 발전해 있다.

역 사

10세기 후반부터 1918년까지 헝가리 왕국의 일부였다. 페지노크 또는 적어도 그 인근 지역은 1208년에 처음으로 "Terra Bozin"이라는 이름으로 언급되었다. 그 뒤 몇세기 동안 이 마을은 광산 정착지에서 포도원 마을로 바뀌었다. 페지노크는 헝가리 왕국에서 가장 부유한 도시 중 하나였고 17세기와 18세기에 가장 영광스러운 부와 번영의 시대를 보냈다. 그 부는 양질의 와인 생산을 기반으로 했다. 19세기에 이 도시는 서서히 산업화하기 시작했다. 헝가리 최초의 황산 공장 그리고 저명한 벽돌 공장이 이곳에 설립되었다. 그리고 이 마을이 철도와 연결되면서 더 호황을 누렸다. 1918/1920년에 오스트리아-헝가리 왕국이 해체된 후 이 마을은 새로 창설된 체코 슬로바키아의 일부가 되었다. 20세기 전반기에는 포도원 생산량이 감소하면서 많은 주민이 이주하게 되었다. 하지만 제2차 세계대전이 끝나고 다시 포도 생산량은 증가하였다.

관 광

마을 중심에 있는, 전형적인 포도주 상가에 있는 작은 카르파티아 박물관(Malokarpatské Múzeum)은 2008년에 대대적인 개조를 거쳐 슬로바키아에서 최고의 박물관 중 하나를 목표를 설정했었다. 이 박물관은 중부 유럽에서 가장 큰 포도주 짜는 기계(wine presses)의 컬렉션을 가지고 있으며 그중 일부는 17세기 초의 거대한 목조물들이었다. 건물의 오래된 지하실 저장고는 부분적으로 공개 전시된다. 입구 비용에는 소믈리에가 동반하는 와인 시음회 비용이 포함되어 있다. 그리고 와인을 시음하는 것뿐만 아니라 방문객들도 자기 자신만의 와인을 만드는 기회를 얻을 수도 있다.

페지노크는 최근 대중 시설에 많은 투자를 하였다. '작은 카르파티아 박물관(Malokarpatské Múzeum)' 맞은편 건물에는 2003년에 개장한 도시 박물관도 있다. 근처에 있는 교회에서 유적지로 발견된 매력적인 석조물을 볼 수 있다. 그러나 아쉽게 현재 슬로바키아어로만 표기되어 있다.

도심의 북쪽 끝자락에는 경관이 조성된 공원과 함께 페지노크 성이 있다. 원래 요새였던 이곳은 Pálffy(팔피) 귀족 가문을 위한 성으로 바뀌었고, 지하 저장실은 현재 브라티슬라바에 위치하고 있는 국립 와인 살롱(National Wine Salon, Národný salón vín Slovenskej republiky)의 본고향이다.

주요 관심장소

Zámocký park

위치/주소: M. R. Stefanika, Pezinok, Slovakia

Old City Hall

위치/주소: Radničné námestie, Pezinok, Slovakia
웹사이트: pezinok.sk

Church of the Assumption(Kostol Nanebovzatia Panny Márie)

위치/주소: Farska, Pezinok, Slovakia

웹사이트: http://www.pamiatkynaslovensku.sk/pezinok-kostol-nanebovzatia-panny-marie

Renaissance house(Renesančný dom)

위치/주소: M. R. Stefanika 2, Pezinok, Slovakia

웹사이트: http://www.pezinok.sk/?yggid=70

Malokarpatske muzeum v Pezinku

위치/주소: M. R. Stefanika 4, Pezinok 902 01, Slovakia

웹사이트: http://www.muzeumpezinok.sk/sk

Church of St. Sigismund (Farský kostol sv. Žigmunda (Grinava))

위치/주소: Myslenicka 134, Pezinok 902 03, Slovakia

웹사이트: http://www.dokostola.sk/kostol/sv-zigmunda

작은 로마

Trnava(트르나바/"뜨르나바")

지 구	Trnava
해발 고도	146m(479ft)
인 구	65,578명(2011년 7월 20일)
우편 번호	917 01
지역 번호	+ 421-33
자동차 번호판	TT
웹사이트:	www.trnava.sk

Trnava(트르나바, "뜨르나바" 발음에 가까움.)는 슬로바키아 서부, 브라티슬라바의 북동쪽으로 47km 떨어져 있는 Trnávka 강에 위치한 한 도시이다. 로마 가톨릭 대주교(1541~1820년, 1977년 이후 다시)가 위치하고 있다. 도시에는 역사적인 장소가 많다. 성벽 내에 있는 많은 교회들 때문에 트르나바는 종종 "Parva Roma('Little Rome', 작은 로마를 의미함. 슬로바키아어로는 Maly Rim)", 더 최근에는 "슬로바키아 로마('Slovak Rome')"라고 불려지기도 한다.

이름과 어원학

도시의 이름은 Trnava 강 지류의 이름에서 파생된다. 그것은 슬로바키아 단어 tŕnie('thornbush', 가시나무 덤불)에서 유래되었다. 중부 유럽에는, 슬로바키아의 Trnovo와 폴란드의 Tarnów, 독일의 Tarnow, 불가리아의

Veliko Tarnovo, 불가리아의 Tyrnavos 와 같이 유사한 어원을 가진 마을들이 있다.

중요한 시장 마을로 성장하였을 당시에는, 이 마을은 토요일에 열리는 시장 박람회를 가리키는 헝가리 이름 Szombathely(1211년)을 사용하기도 했다. 그러나 그 이름은 왕실에 의해서만 사용되었는데 몽고 침략 이후 독일 이민자들에 의해, 헝가리 이름보다는 슬로바키아어 이름으로 사용되었다.

역 사

도시 영토의 영구 거주지는 신석기 시대 이후로 알려져 있다. 중세 시대에는 보헤미아에서 헝가리, 지중해에서 폴란드에 이르는 주요 도로의 교차점으로 중요한 시장이 형성되었다.

트르나바는 에스테르곰(Esztergom) 대주교의 주교 관할구가 되면서(1541~1820) 더 중요한 도시 역할을 하였다. 1541년 이전과 1820년 후에는 슬로바키아 동쪽 국경 넘어 위치한 헝가리의 에스테르곰(Esztergom) 마을이 주교 관할구였다. 1543년 오스만 투르크족에 의해 그 지역이 정복되면서 주교 관할구가 바뀌었다. 대주교의 대성당은 성 요한 침례교 성당과 성 니콜라스 대성당이었다. 1541년 이후 투르크인들로부터 도망친 많은 헝가리인들이 이 도시로 이주했다.

헝가리 왕국의 유일한 대학이었던 예수회 트르나바 대학교(1635~1777)

는 대주교 페테르 파즈마니(Péter Pázmány)에 의해 설립되었다. 반혁명을 지원하기 위해 설립된 트르나바 대학은 곧 슬로바키아의 교육 및 문학의 중심지가 되었다. 대부분의 교사, 학생 중 절반, 그리고 도시 주민의 대다수가 슬로바키아인이었기 때문이다. 파즈마니(Pázmány) 그 자신은 체코어 대신에 슬로바키아어 언어의 사용을 권장했고, 그의 작품 『Isteni igazságra vezető kalauz(신의 진실을 향한 가이드)』 및 그의 설교 내용 몇몇을 슬로바키아어로 번역하기도 했다. 이 도시의 중요성은 대학이 Buda(오늘날의 Eötvös Loránd University)로 옮겨졌을 때인 19세기 초반에 줄어들었고 대주교의 관심은 Esztergom 도시로 되돌아갔다. 1844년 트르나바와 브라티슬라바를 연결하는 헝가리 왕국의 첫 철도가 연결되었을 때 1844년 이후 이 도시는 부분적으로 성장했다. 초기의 그 철도는 말이 이끄는 철도였고 1872년 이후에는 증기 기관이 사용되었다. 철도 연결은 큰 설탕 공장, 맥아 저장소 및 Coburgh 공장(이후 Trnavské automobilové závody, 즉 트르나바 자동차 공장이라 칭함.)의 설립으로 시작된 이 마을의 현대화를 자극했다.

1977년 교황 바오로 6세의 결정으로 트르나바는 별도의 슬로바키아 대주교의 주교 관할구가 되었다(2008년 브라티슬라바로 옮겨졌지만 대주교의 자리는 여전히 이 도시에 남아 있다). 대주교의 설립과 함께, 슬로바키아는 수세기 만에 처음으로 교회 행정에 관해서도 헝가리로부터 독립되었다.

슬로바키아 국가(1993년) 설립 이후 이 도시는 1996년에 새로 창설된 Trnava(트르나바) 지역의 중심지가 되었다. 프랑스 자동차 제조업체인 PSA Peugeot Citroën("푸조 시트로엥")은 2003년 이 도시에 대형 자동차 공장을 건설하였다.

주요 볼거리들

중세 시대에 Trnava는 고딕 양식의 종교 및 건축 양식의 중요한 중심지였다. St. Nicolas' Church, St. Helen's Church 및 여러 교회 수도원 단지(Clarist, Franciscan 및 Dominican)들이 이 기간에 지어졌다.

르네상스(16세기) 시대에는 트르나바 도시의 탑의 세워졌다. 니콜라스 올라(Nicolas Oláh)는 신학교와 대주교 거주지의 건설을 명령했다. 헝가리 왕국의 종교 개혁의 선도적 인물인 페테르 보르네미사(Péter Bornemisza)와 후사르 갈(Huszár Gál)은 잠시 동안 트르나바에서 활동하기도 했다. 마을 성벽은 남쪽에서 접근하는 투르크의 위험에 대한 대응으로 르네상스 요새로서 재건되었다.

17세기는 실레지아 르네상스(Silesian Renaissance)의 배지를 지닌 푸알리니안 교회(Pualinian Church)가 세워졌다. 트르나바는 점차 바로크 디자인으로 재설계되었다. 침례 교회인 성 요한 교회와 대학 캠퍼스의 건립은 프란체스코 교회와 클라리스트 단지의 재건과 함께 건축 흥행의 서두를 시작했다. 건축업자와 예술가들은 대학 건설을 위해 모였고, 도시 건축의 개선에도 참여했다. 신성 트리니티 동상과 세인트 조셉 동상들, 트리니티 교회, 수도원은 최근 건축물에 속한다.

교육구 병원은 1824년에 지어졌다. 극장 건물은 1831년 5월에 시작되었으며 첫 공연은 크리스마스 때 연주되었다. 동양적 모티브를 지닌 역사적인 건축물인 트르나바 회당은 19세기로 거슬러 올라간다. 유대인 회당(Synagóga status quo ante)은 현재 Jána Koniareka 미술관에 위치하고 있다.

교통/수송

이 도시는 국제적으로 중요한 두 개의 도로 교차로- 체코 공화국에서 슬로바키아 남부까지 그리고 브라티슬라바에서 슬로바키아 북부까지 -에 자리 잡고 있다. D1 고속도로는 도시를 브라티슬라바(Bratislava), 트렌친(Trenčín) 및 질리나(Žilina)를 연결하고 R1 고속도로는 Nitra와 연결한다. 계획된 우회로의 일부가 현재 공사 중이다. 이 도시는 또한 브라티슬라바-질리나(Batislava-Žilina) 철도에 중요한 중간역이며, 세레드(Sereď)와 쿠티(Kúty, 체코 국경 근처 마을) 연결하는 2개의 트랙이 이 도시에서 끝난다. 북동쪽 가장자리에는 작은 활주로가 있지만 가장 가까운 국제공항은 브라티슬라바와 빈 도시에 있다. 이 도시는 또한 현재 16개의 노선으로 대중교통 서비스를 운영하고 있다.

유명인사

Anton Bernolák: 목사, 작가, 최초 슬로바키아 언어 표준 작성한 저자

Zoltán Kodály: 헝가리 작곡가

Taťána Kuchařová: 미스 체코 2006, 미스 월드 2006

Mikuláš Schneider-Trnavský: 작곡가, 지휘자

주요 관심장소

Town Tower

위치/주소: Trojicne namestie 1, Trnava 917 01, Slovakia

웹사이트: http://www.regiontirnavia.sk/destinacia/turisticke-informacne-centrum

St. John the Baptist Cathedral

위치/주소: Invalidska, Trnava, Slovakia

웹사이트: http://www.abu.sk/

Mala Synagoga Trnava

위치/주소: Haulikova 3, 917 00, Trnava, Slovakia

Basilica of St. Nicholas(Bazilika sv. Mikuláša)

위치/주소: Rimsko-katolicky farsky urad, Trnava 917 01, Slovakia

웹사이트: trnava.fara.sk

Townhouses(Meštianské domy)

위치/주소: Hlavna, Trnava, Slovakia

웹사이트: http://www.vitajtevtrnave.sk/sk/register/mestianske-domy

Church of St. Helena(Kostol sv. Heleny)

위치/주소: Hlavna 18/47, 917 01 Trnava, Slovakia

Trinity Square (Trojičné námestie)

위치/주소: Trojičné námestie, Trnava, 917 01 Trnava, Slovakia

Castle Dobra Voda(Hrad Dobrá Voda)

위치/주소: Dobra Voda, Trnava 919 54, Slovakia

웹사이트: slovenskehrady.sk

City Hall(Mestská radnica)

위치/주소: Hlavna 1, Trnava, Slovakia

웹사이트: trnava.sk

수요일 시장 마을

Dunajská Streda(두나이스카 스트레다/"두나이스까 스뜨레다")

지 역	Trnava
지 구	Dunajská Streda
해발 고도	118m(387ft)
인 구	22,553명(2014년 12월 31일)
우편 번호	929 01
전화 번호	+ 421-31
자동차 번호판	DS
웹사이트:	http://www.dunstreda.sk/

Dunajská Streda(두나이스카 스트레다, "두나이스까 스뜨레다" 발음에 가까움. 헝가리어: Dunaszerdahely, 독일어: Niedermarkt)는 슬로바키아 남부의 한 마을이며, 지트니 오스트로우(Žitný ostrov) 지역에서 가장 중요한 도시이다. 주요 민족은 헝가리인이며 인구는 22,477명(2011년 인구 조사)이다.

이 름

이 도시는 Syridahel의 이름으로 1256년에 처음 언급되었다. 달리 불려진 이름의 초기 정형화 형태는 Zeredahely(1270)와 Zredahel(1358) 이름들이 있다. Szerdahely는 헝가리어로 '수요일 (시장) 장소'를 의미하며 마을이 수요일에 시장을 개최할 수 있는 특권을 가졌음을 나타낸다(나중에 금요일로 변경되었음). 헝가리어 단어 szerda는 슬라브어로부터의 차용어이다. streda라는 단어는 슬로바키아어로 수요일을 의미하고, 다른 슬라브어로 된 관련 단어로는 주중 중간의 날이라는 의미가 있다. Duna(Dunajská, 즉 Danubian)라는 이름은 유사한 이름을 가진 다른 도시와 구별하기 위해 19세기에 추가되었다(오스트리아-헝가리의 '한 마을, 한 이름' 정책에 의거함). 독일 이름 Niedermarkt는 '하부 시장(Lower Market)'을 의미한다.

명 소

세인트 조지의 로마 가톨릭 교회는 1010년에 설립되어 1329년에 재건되었다. 고딕 양식으로는 1541년에 개조되었고, 그곳은 다시 1742~1743년 바로크 양식으로 재건되었다. 교회 앞에는 1848~1849년 당시의 헝가리 혁명 기념관이 있다.

복음주의 교회는 1863~1883년에 로마네스크 양식으로 지어졌다. 바로 옆에 새로운 개혁 교회(1996)가 있다.

유태인 회당은 1945년 폭탄에 의해 파괴되었고, 1955년에 유적지가 무너졌다. 1991년 홀로코스트(Holocaust) 기념관이 있다.

노란 저택(Yellow Castle/Žltý kaštieľ, Žitnoostrovské múzeum)은 1753년 파다니(Padányi)의 마르톤 비론(Márton Biró 헝가리 대주교)에 의해 지어졌으며 19세기에 신고전주의 스타일로 재건되었다. 오늘의 Csallóköz 박물관의 고향이기도 하다.

유명인사

Andrew Steiner(1908~2009): 체코슬로바키아 미주 건축가

Herman Steiner(1905~1955): 미국 체스 챔피언, 1948~1950

Dajana Filistovová(1984~현재): 유럽 혼합복식 탁구 챔피언 2001, 3회 동메달리스트

주요 관심장소

Thermalpark Dunajska Streda

위치/주소: Gabcikovska cesta 237/38, Dunajska Streda 929 01, Slovakia

웹사이트: http://www.thermalpark.sk/sk

Malkia Park- Big Cats Rescue

위치/주소: Areal Okruhu Slovakia Ring | Orechova Poton– Luky, Orechova Poton 930 52, Slovakia

웹사이트: https://www.malkiapark.sk/

Žitnoostrovské múzeum/Yellow Mansion

위치/주소: Muzejna 2, Dunajska Streda 929 01, Slovakia

졸탄 코다이 작곡가의 마을

Galanta(갈란타/"갈란따")

지 역	Trnava
지 구	Galanta
해발 고도	118m(387ft)
인 구	15,873명(2005년)
우편 번호	924 01
지역 번호	+ 421-31
자동차 번호판	GA
웹사이트:	http://www.galanta.sk/

Galanta(갈란타, "갈란따" 발음에 가까움. 헝가리어: Galánta, 독일어: Gallandau)는 슬로바키아의 서부에 있는 작은 마을(약 16,000명의 주민 거주)이다. 슬로바키아 수도인 브라티슬라바에서 동쪽으로 50km 정도 떨어져 있다.

어 원

이름은 슬라브 이름 Golęta(처음에는 친족 중에서 선택되어, 경비를 책임지는 청년 그룹의 총칭)에서 파생되었다 한다.

특 징

갈란타는 제2차 세계 대전 당시 역사적인 건물들이 손상되거나 파괴되었다. 체코 슬로바키아의 공산주의 시대(1948~1989)에는 역사적인 건물이 더욱 파괴되었고, 조립식 콘크리트 아파트 단지와 건물들로 대체되어 마을의 건축 예술성은 더욱 악화되었다. 중요한 역사적 건물이 2개 남있다. 첫 번째는 에스테르하지스(Esterházys) 가문의 네오 고딕 성(Neogotický kaštieľ)이고 두 번째는 르네상스 성(Renesančný kaštieľ)이다(이 두 성은 성보다는 영주 주택- manor house -이라 불린다). 에스테르하지스(Esterházys) 네오 고딕 양식의 성은 파손 상태에 처해 있으며 1980년대 말부터 대중에게 공개되지 않았다. 르네상스 성(Renesančný kaštieľ)은 1990년대에 개조되었으며 박물관, 전시 공간 및 문화 중심지로 사용되고 있다.

유명한 시민

헝가리 작곡가 졸탄 코다이(Zoltán Kodály, "졸딴 꼬달리" 발음에 가까움.)는 이 도시에서 어린 시절 대부분을 보냈으며 이 지역의 민속 음악을 바탕으로 한, Dances of Galánta(Galántai táncok, 1933년)을 작곡했다.

주요 관심장소

Neo-Gothic castle (Neogotický kaštieľ)

위치/주소: Parkova, Galanta 92401, Slovakia
웹사이트: http://www.nkga.sk/

Vlastivedné múzeum

위치/주소: Hlavna ulica 976/8, Galanta 924 00, Slovakia

Galandia(Water Parks, Water & Amusement Parks)

위치/주소: 2373 Kpt. Nalepku 43, Galanta 924 01, Slovakia

Sedin Golf Resort

위치/주소: Velke Ulany/Nove Osady 110, Jelka 92522, Slovakia
웹사이트: http://golfsedin.sk/

Renaissance castle (Renesančný kaštieľ)

위치/주소: Esterhazyovcov, Galanta 92401, Slovakia

산사 나무 마을

Hlohovec("흘로호베츠")

지 역	Trnava
지 구	Hlohovec
고 도	156m(512ft)

인 구	22,192명(2011년 12월 31일)
우편 번호	920 01
지역 번호	+ 421-33
자동차 번호판	HC
웹사이트:	www.hlohovec.sk

Hlohovec("흘로호베츠" 발음에 가까움. 독일어: Freistadt (l) an der Waag, 헝가리어: Galgóc)는 인구 22,192명의 슬로바키아 남서부 마을이다.

이 름

이름은 Glogovec(산사 나무 종류)가 조밀하게 자란 장소에 대한 오래된 슬라브어 이름이다.

주요 지형지물

마을을 지배하는 건축물은 1720년에 지어진 르네상스 바로크 양식의 성이다. 성은 기존의 슬라브 민족의 정착지와 이전 중세 성의 위치에 세워졌다. 성 지역에는 1802년에 지어진 제국식 극장, 18세기 승마 학교 및 바로크 양식의 정원이 있다.

세인트 마이클 광장(St. Michael Square)의 한가운데에는 세인트 마이클(Kostol sv. Michala)의 고딕 양식의 교회가 있다. 교회 옆에는 18세기의 성 안나 예배당(Kaplnka sv. Anny)이 있다. 도시의 중앙 부분의 북쪽에는 프란체스코 교회(kostol Všetkých svätých)와 1492년에 지어진 수도원(Františkánsky kláštor)이 있다. 수도원 건물의 일부는 요즘 국립 역사 지리학 박물관이 차지하고 있다.

성 공원은 마을에서 가장 방문자가 많고 아름다운 자연을 볼 수 있다. 호수, 프랑스식 계단 및 희귀 나무종, 특히 오래된 무화과 나무를 볼 수 있다.

주요 관심장소

Hvezdaren a planetarium M.R.Stefanika

위치/주소: Sladkovicova 41, Hlohovec 92001, Slovakia
웹사이트: http://www.hvezdaren.org/

Town Tower

위치/주소: Trojicne namestie 1, Trnava 917 01, Slovakia

Vlastivedné múzeum

위치/주소: Frantiskanske nameste 1, Hlohovec 92001, Slovakia
웹사이트: http://muzeumhlohovec.sk/

Empire style Theatre (Mestské kultúrne centrum)

위치/주소: Námestie sv. Michala 3
920 01 Hlohovec
웹사이트: http://www.mkchlohovec.sk/

베토벤을 매료시킨 스파 타운

Piešťany(피에스타니/"삐에스쟈니")

지 역	Trnava
지 구	Piešťany
고 도	162m(531ft)
인 구	27,777명(2016년 12월 31일)
우편 번호	921 01
지역 번호	+ 421-33
자동차 번호판	PN

Piešťany(피에스타니, "삐에스쟈니" 발음에 가까움. 독일어: Pistyan, 헝가리어: Pöstyén, 폴란드어: Pieszczany, 체코 어: Píšťany)는 Trnava 지역 서부에 위치하고 있으며, 자치 지구를 가지고 있다. 그리고 슬로바키아에서 가장 크고 가장 잘 알려진 스파 타운이며 약 30,000명의 주민들(2012년 기준)이 살고 있다.

이 름

Piešťany라는 이름은 슬로바키아어 Piesok(모래)에서 유래했으며 마을에 있는 모래 언덕과 관련 있다. 어원은 매우 간단한데 Piešťania, "모래 언덕에 살고있는 사람들과 정착지"를 의미한다.

역 사

이 지역 최초의 인간 정착지는 약 8만 년 전의 선사 시대로 거슬러 올라간다. 겨울에도 얼어붙지 않은 온천으로 인하여 많은 사람이 거주하였다.

Moravianska venuša(Venus of Moravany, 모라바니의 비너스)라고 불리는 작은 여성 동상이 인근 마을 Moravany nad Váhom에서 발견되었다. 매머드 상아로 만들어졌으며 기원전 2280년으로 추정된다. 현재 브라티슬라바 성 박물관에 전시되어 있다. 인근 마을인 크라코바니-스트라제(Krakovany-Stráže)에는 유리, 청동, 금은으로 만든 사치품, 보물들이 서기 200~300년대의 세 무덤에서 발견되었다. Piešťany 근처의 Ducové 마을에는 대 모라비아 제국의 성이 있다.

약천(약효가 있는 온천)은 중세 시대에 이미 인기가 있었다. 헝가리의 왕 마티아스 코르비누스(Matthias Corvinus)가 방문하기도 했다. Piešťany 온천을 언급하는 첫 번째 서적은 스위스 바젤에서 1549년에 출판된 조르지우스 베른너(Georgius Wernher)의 De admirandis Hungariae aquis hypomnemation(헝가리 군주제의 기적의 물에 관한 것)이었다. 16세기에 피에스타니 온천은 두 명의 저명 의사인 Johan Crato de Crafheim(신성 로마 황제를 섬긴 의사)과 Andrea Baccius Elpidianus(교황 개인 외과 의사)에 의해 논의되었다. 첫 번째 단행본(Ján Justus Torkoš의 Schediasma de Thermis Postheinsibus)는 1745년에 출판되었다.

스파는 루드빅 반 베토벤(Ludwig van Beethoven)을 비롯한 많은 귀족 방문객을 매료시켰다. 1917년 세 군주(독일의 Wilhelm II, 오스트리아-헝가리의 Karl I, 불가리아의 Ferdinand I)는 데르미아(Thermia Palace) 호텔에서 전쟁 전략을 조율하기도 했다.

수송/교통

피에스타니는 브라티슬라바(Bratislava)에서 질리나(Zilina)까지 연결되는 D1 고속도로의 경로에 위치해 있으며 빈(Vienna)과 브르노(Brno)까지 연결된다. 브라티슬라바에서 질리나(Zilina)와 코시체(Košice)까지의 주요 철도 경로 또한 이 마을을 통과한다. 이 마을에는 주로 스파 고객을 위한 국제 전세 항공편에 사용되는 공항이 있다. 지방 자치체는 11개의 버스 노선을 갖춘 지역 대중교통 시스템을 운영한다.

주요 볼거리들

과거에 빈번한 홍수로 인해 대부분의 건물은 19세기와 20세기로만 거슬러 올라간다. 예외적으로 가장 주목할 만한 곳은 13세기의 중세 수도원 유적이다. Napoleon Spa(나폴레온 스파)는 1822년에서 1862년 사이에 지어진 Neoclassicist(네오 클래시스트) 형태 스파 건물의 복합 건물이다. 1930~1933년에 Emil Belluš("에밀 벨루쉬")에 의해 건설된 Kolonádový("꼴로나도비") 교량은 많은 귀중한 예술품과 함께 탁월한 기능주의자 건축물에 해당한다.

온 천

Piešťany 스파는 2천 개의 침대(2005년 기준)를 갖추고 있으며 1년에 4만 명이 넘는 환자를 치료한다. 고객의 60% 이상이 외국인이다(주로 독일, 체코, 이스라엘, 오스트리아 및 아랍 국가 출신). 스파는 만성 류마티스 성 관절염 및 사고 후 관절과 뼈의 치료를 전문으로 한다.

스파는 67~69°C(153~156°F)의 온도를 가진 Váh("바흐") 강 두 지점 사이의 스파 섬에 있다. 물은 2,000미터(6,600피트) 깊이의 구조적 틈새에서 생성된다. 온천의 황산, 탄산수는 수영장과 욕조에서 사용된다. 하천 부지에서 추출한 유황 진흙은 온도 39°C(102°F)의 열 진흙 웅덩이 형태로 사용되거나 부분 및 전신 팩으로도 사용된다. 온천과 진흙 요법은 전기 요법, 운동, 마사지, 약물 치료 및 식이 요법으로 보완된다.

스파는 Slovenské liečebné kúpele("슬로벤스께 리에체브네 꾸뻴레") 회사에서 운영한다. 이 회사는 Danubius Hotels Group(다누비우스 호텔 그룹)이 2002년에 인수했다. 소규모 양의 주식이 마을로 분배되어 있다. Danubius Hotels Group(다누비우스 호텔 그룹)은 헝가리의 호텔, 체코의 Mariánske Lázně spa("마리안스께 라즈네 스빠") 및 루마니아의 Sovata spa(소바타 스파)를 소유하고 있기도 하다.

유명인사

Charles Korvin: 헝가리-미국인 배우, Kárpáthy 출생

Ľudmila Cervanová: 전문 테니스 선수

Róbert Erban: 카약 K4 세계 챔피언

Martina Moravcová: 수영 선수, 2회 올림픽 은메달리스트, Piešťany 1976년생

Dominika Cibulková: 전문 테니스 선수, 1989년생

주요 관심장소

Danubius Health Spa Irma

위치/주소: 921 01 Piešťany-Kúpeľný ostrov, Piestany, Slovakia

웹사이트: https://www.danubiushotels.com/sk/destinacie/piestany

The Colonnade Bridge (Kolonádový most)

위치/주소: Kolonádový most, 921 01 Piešťany

웹사이트: http://www.piestany.cz/zajimavosti-piestany

The Museum of Military History (Vojenské historické múzeum)

위치/주소: Zilinska cesta 6545, Piestany, Slovakia

웹사이트: http://www.vhu.sk/index.php?ID=788

Jesus's Saint Heart Chapel (Kaplnka Božského Srdca Ježišovho)

위치/주소: Winterova 1784/74, Piestany 921 01, Slovakia

웹사이트: https://piestanycm.fara.sk/kaplnka-bozskeho-srdca-jezisovho

Balneologické múzeum Imricha Wintera

위치/주소: Beethovenova 5, Piestany 921 01, Slovakia

웹사이트: http://www.balneomuzeum.sk/sk/

Meteorologický Stĺp

위치/주소: Pribinova 1724/2, Piestany, Slovakia

웹사이트: http://www.pic-piestany.sk/prakticke-info/peso-cyklo-in-line/neposlusna-ciara/

Bronzové súsošie Milenci

위치/주소: Sad Andreja Kmeta, Piestany, Slovakia

웹사이트: http://www.pic-piestany.sk/o-meste/pamiatky/socharske-diela-pomniky-pamaetne-tabule-piestan/

Aupark(Shopping mall)

위치/주소: Nitrianska 7555/18, Piestany 921 01, Slovakia
웹사이트: https://www.auparkpiestany.sk/

Farma New Zealand (11월에서 4월에는 폐관)

위치/주소: Modrova pri Piestanoch | N: 48.6864 E: 17.9878, Modrova SK-916 35, Slovakia
웹사이트: http://www.zoo-farma.sk/

Park Miniatur Podolie

위치/주소: Podolie, Slovakia
웹사이트: http://www.parkminiatur.sk/

SKI Bezovec

위치/주소: A. Hlinku 59/103, Piestany 92101, Slovakia

건초 마을

Senica("쎄니차")

지 역	Trnava
지 구	Senica
해발 고도	208m(682ft)

인 구	20,860명(2005년 12월 31일)
우편 번호	905 01
지역 번호	+ 421-34
자동차 번호판	SE
웹사이트:	www.senica.sk

Senica(세니차, "쎄니차" 발음에 가까움. 독일어: Senitz, 헝가리어: Szenice)는 슬로바키아 서부의 트르나바 지역에 있는 마을이다. 그곳은 Záhorie("자호리에") 저지대의 북동쪽 부분에 위치하고 있으며 Malé Karpaty("말레 까르빠띠") 산맥과 가깝다.

어 원

이름은 seno('건초')에 지명을 형성하는 데 사용된 단어 접미사 '–ica'로부터 파생되었다.

산 업

중요한 실크 생산 회사는 이 마을에 있다. 이 회사는 1954년 'Slovenský hodváb("슬로벤스끼 호드밥")'이라는 이름으로 설립되었다. 2005년에는 인조견사(viscose rayon)의 생산이 중단되었다. Slovenský hodváb와 Kord가 합병된 Slovkor("슬로브꼬르") 회사는 기술적인 목적으로 합성 섬유만을 지속 생산했다. 2014년 2월 반세기 이상 동안 유지되었던 멀리서도 잘 보이는 해당 공장의 굴뚝이 철거되었다.

동중부 유럽에서 가장 큰 전등 기구 회사 중 하나인 OMS 조명 회사 또한 이 마을에 기반을 두고 있다. 약 1,000명의 직원이 있고, 100개국 이상의 국가에 생산량의 98%를 수출하는 이 회사는 세니차 경제에 중요한 역할을 하고 있다.

주요 관심장소

Penati Golf Resort

위치/주소: Sajdikove Humence 443, Senica 905 01, Slovakia
웹사이트: http://www.penatigolfresort.sk/en/

Hrad Branc

위치/주소: Senica, Slovakia
웹사이트: http://www.podbranc.sk/o-nas-zrucanina-hradu-branc

Kunovska priehrada

위치/주소: Kunov | Senica에서 5km 떨어져 있다.
웹사이트: http://rsms.sk/nova/strediska/kunovska_priehrada

Mohyla Gen. Milana Rastislava

위치/주소: Top of Bradlo, Myjava, Slovakia
웹사이트: http://www.bradlo.sk/

Záhorská galéria

위치/주소: Sadova ulica 619/3, Senica 905 01, Slovakia
웹사이트: http://www.zahorskagaleria.zupa-tt.sk/

니트라 공국 수도

Nitra(니트라/"니뜨라")

지 역	니트라(Nitra)
해발 고도	190m(623ft)
인 구	79,472명(2017년 1월 2일)
우편 번호	949 01
지역 번호	+ 421-37
자동차 번호판	NR
웹사이트:	www.nitra.sk

Nitra(니트라, "니뜨라" 발음에 가까움.)는 슬로바키아 서부의 도시로, Nitra("니트라") 강 계곡의 Zobor("조보르") 산기슭에 자리 잡고 있다. 인구는 약 79,472명으로 슬로바키아에서 5번째로 큰 도시이다. 니트라는 슬로바키아에서 가장 오래된 도시 중 하나이기도 하다. 이곳은 니트라 공국의 정치 중심지였다. 오늘, 이 도시는 Nitra 지방(kraj)과 Nitra 지구(okres)에 속하는 도시이다.

어 원

니트라의 첫 번째 언급은 9세기로 거슬러 올라간다. 도시의 이름은 Nitra("니트라") 강에서 파생된다. Nitra는 "자르거나 태우는 것"을 의미하는 오래된 인도-유럽어의 어원 'neit-, nit-'에서 파생된 걸로 추정된다. 같은 어원은 슬로바키아어 동사 nietit'(불을 짓다) 뿐만 아니라 라틴어 nitere(태우다) 또는 독일어 schneiden(자르다)와 같은, 다른 인도-유럽 언어에서도 여전히 존재한다. 이름의 유래에 대한 또 다른 견해는 "라임 뒤에 있는 새로운 영토"를 의미하는 라틴어 'Novi-iter' 혹은 'Neui-iter'와 관련이 있다.

주요 볼거리들

도시 주변에는 역사적인 건축물뿐만 아니라 자연의 아름다움 또한 풍부하다. 가장 잘 알려진 곳은 도시를 내려다볼 수 있는 Nitra 성(Nitriansky hrad), 구시가지 그리고 Zobor("조보르")라 불리는 근처 언덕이다.

니트라에 위치한 주목할 만한 종교 건축물은 니트라 성의 St. Emmeram 성당, St. Ladislaus의 Piarist 교회 및 인접한 수도원이다. 도시의 가장 오래된 교회는 11세기에서 12세기에 지어진 성 스티븐 교회이다. 건물의 기초는 9세기에 지어졌다. Piaristicka 거리의 수도원은 13~14세기에 설립되었다. 성 Ladislaus 교회는 불에 의해 나중에 파괴되었고 1742~1748년에 바로크식으로 개조되었다. 2개의 탑도 추가되었다. 주요 제단에는 헝가리의 성 스티븐(St. Stephen)과 라디슬라우스(Ladislaus I) 왕의 초상화가 아름답게 장식되어 있다. 인테리어는 1940년에 개축되었으며 슬로바키아의 니트라 역사를 주제로 한 3개의 현대식 프레스코화가 탄생하였다.

구시가지(Staré Mesto)는 슬로바키아에서 가장 흥미로운 고대 건축물 중 하나인 니트라 성이 주목된다. 지난 수십년 동안의 고고학적 연구 결과에 따르면, 7세기에 사모의 제국 시대에 거대한 요새 성이 이미 여기에 서 있었다 한다. 최근의 고고학적 발견은 9세기부터 최근의 고딕 양식의 성 에메람 성당(Gothic St. Emmeram's Cathedral) 아래에 교회가 있다는 것을 증명한다. 돌 성의 건축은 니트라 Svätopluk(“스배또쁠룩”) 왕자 통치 기간인 9세기에 시작되었다. 이 성엔 현재 로마 가톨릭 주교가 머무르고 있고, 880년에 서부 및 동부 슬라브의 첫 번째 주교단으로 설립되었으며 이후 10세기에서 1110년경까지 그 존재가 계속되었다.

니트라 유대인 회당은 1908~1911년에 유대인 공동체를 위해 세워졌다. 부다페스트에 본거지를 둔 회당 건축가인 리포 바움혼(Lipót Baumhorn, 1860~1932)에 의해 설계되었다. 좁은 골목길에 위치한 이 건물은 바움혼 스타일의 특징적인 예이다. 무어(Moorish), 비잔틴(Byzantine) 및 아르누보(Art Nouveau) 요소의 일부이며 두 개의 탑으로 이루어진 파사드가 거리를 향하고 있다. 성전은 여성 갤러리 건물 또한 지탱하고 있는 4개의 기둥이 있는 돔형 홀이다. 니트라 지자체가 수십 년에 걸친 복원 작업 끝에 이 건물은 현재 문화 활동의 중심지로 사용된다. 여성 갤러리는 ‘『슬로바키아 유대인의 운명』- 슬로바키아의 국립 홀로코스트 기념 전시회’를 개최한다. 니트라 회당은 니트라 출신의 이스라엘 예술가인 슈라와 웨일(Shraga Weil)이 그래픽 작품을 상설 전시한다.

최근까지 슬로바키아의 가장 강력한 중파 전송기는 니트라 근처의 Veľké Kostoľany("벨께 꼬스똘라니")에 위치한다. 이 송신기는 야간에 모든 유럽에서 방송할 수 있었다. 그러나 2003년부터 에너지 비용을 절감하기 위해 더 낮은 출력량으로 운영해왔으며 현재는 지역 프로그램만 전송하고 있다.

갈보리 언덕(Kalvária)에 있는 성모 마리아의 선교 본부는 스페인 나자렛파를 위해 1765년에 세워졌다. 그들은 교회와 순례자를 돌봤다. 나중에 건물은 고아원이 되기도 했다. 1878~1885년에 이 건물은 신 로마네스트(Novoromanesque) 스타일로 재건되었고 1925년에는 건물에 새로운 층이 추가되었다. 오늘날 우리가 알고 있는 이 건물은 슬로바키아 건축가 M. M. Harminec의 작품이다.

문 화

니트라에는 여러 박물관과 미술관이 있다. 니트라 지역 박물관은 고고학, 민족학, 화폐학, 지질학 및 동물학 등의 여러 분야에서 수집 대상을 포괄한다. 1993년 이래로 니트라의 고고학 연구소 에서 기존의 발견된 귀중한 유물을 전시한다. 이 전시회는 2,200개가 넘는 금, 은 및 기타 물건들이 있으며, 대 모라비안 시대의 언덕 요새 Bojná("보이나")의 황금 도금판도 있다. 니트라성에 있는 교구 박물관에는 슬로바키아 영토에서 가장 오래된 원고(Nitra Gospel Book, 1083)를 비롯하여 슬로바키아에서 기독교의 기원과 밀접한 관련이 있는 문서 및 고고학적 발견 자료를 전시하고 있다. 야외 박물관 Osada Lupka("오사다 루프카")는 중세 초의 슬라브 마을을 재건축한 것이다. 슬로바키아 농업 박물관(Slovak Agricultural Museum, Slovenske poľnohospodárske múzeum)은 농업의 역사를 전문으로 전시하였으며 슬로바키아에서 유일하다. 박물관에는 야외 전시(skanzen, "스깐젠")도 있다. 선교 박물관은 선교 활동을 통해 다양한 사물들을 전시한다. 회당에 있는 유태인 문화 박물관(Museum of Jewish Culture, Múzeum židovskej kultúry)은 문화와 역사를 보여 주며 홀로코스트(Holocaust)에 관한 전시물을 영구 전시하고 있다.

니트라에는 Andrej Bagar 극장(Divadlo Andreja Bagara)과 Karol Spišák 극장(Staré Divadlo Karola Spišáka)으로 불리는 두 극장이 있다. 니트라 원형 극장은 슬로바키아에서 가장 큰 규모 중 하나이다.

니트라의 주요 미술 박물관은 니트라 갤러리(Nitrianska galéria)이다. 또 다른 대중적인 화랑은 Karol Spišák("카롤 스피샥")의 극장의 일부인 Foyer("포이어") 갤러리이다. 권위 있는 유대인 화가 Shraga Weil(쉬라가 베일)의 작품이 니트라 회당 전시장에 상설 전시되어 있다.

니트라는 인기 있는 슬로바키아 음악 밴드 Gladiátor, Horkýže Slíže, Desmod, Zoči Voči 및 Borra의 고향이다.

유명인사

Tamás Esze(1666~1708): 헝가리 kuruc 봉기군 리더

Ottokár Prohászka(1858~1927): 헝가리인 로마 가톨릭 신학자, 주교

Chaim Michael Dov Weissmandl(1903~1957): 랍비, 홀로코스트 기간에 유대인을 구하기 위해 노력했던 랍비로 알려짐

주요 관심장소

Nitra Castle (Nitriansky hrad)

위치/주소: Old Town Nitra, Nitra, Slovakia
웹사이트: http://www.nitrianskyhrad.sk/

Church of St. Michael the Archangel

위치/주소: Pod kostolíkom 35-33, 949 01 Nitra-Dražovce, Slovakia

Park na Sihoti

위치/주소: Park na Sihoti, Nitra, Slovakia
웹사이트: http://www.nitralive.sk/info-o-nitre/sportoviska/7145-kupalisko-na-sihoti-v-nitre-otvaracia-doba-cennik

Nitra Calvary

위치/주소: Nitra, Slovakia
웹사이트: http://dromedar.zoznam.sk/cl/100195/1310799/Kalvaria-v-Nitre---dominanta-juhovychodnej-casti-mesta

Black Death Column (Mariánsky stĺp)

위치/주소: Nitra Castle, Nitra, Slovakia, 성의 남쪽 경사에 위치해 있다.

Corgon (1820년 Vavrinec Dunajsky가 세운 조각품)

위치/주소: Nitra Castle, Nitra, Slovakia

Cathedral of St. Emeran

위치/주소: Namestie Jana Pavla II 1012/7, Nitra, Slovakia
웹사이트: http://www.biskupstvo-nitra.sk/katedrala/

Nitra Synagogue (Synagoga)

위치/주소: Pri synagoge 3, Nitra 949 01, Slovakia
웹사이트: https://www.nitra.eu/www/content/nisys/synagoga/0/25

Galeria Mlyny (Shopping mall)

위치/주소: Shtefanikova trieda 61, Nitra 949 01, Slovakia
웹사이트: http://www.mlyny-nitra.sk/

Pribina's sword

위치/주소: Stefanikova trieda, Nitra 94901, Slovakia

The Diocese Museum (Diecezne Muzeum)

위치/주소: Namestie Jana Pavla II, Nitra 949 01, Slovakia
웹사이트: http://www.regionnitra.sk/en/history/museums-galleries/1057-the-diocese-museum-of-diocese-of-nitra

Drazovce church (Kostol svateho Michala archanjela)

위치/주소: Drazovice, Nitra 949 01, Slovakia
웹사이트: https://www.nitra.eu/www/content/nisys/list/0/146

Slovak Agricultural Museum

위치/주소: Dlha 92, Nitra 949 01, Slovakia
웹사이트: http://spmnitra.sk/

Pribina Square

위치/주소: Samova 990, Nitra, Slovakia
웹사이트: http://www.slovakiasite.com/nitra-pribina-square.php

St. Ladislav´s church (Kostol sv. Ladislava)

위치/주소: Piaristicka 8, Nitra 949 01, Slovakia
웹사이트: http://www.dokostola.sk/kostol/kostol-sv-ladislava-piaristi

Church of the Visitation of the Virgin Mary (Farsky kostol navstivenia Panny Marie)

위치/주소: Farska 18, Nitra 949 01, Slovakia
웹사이트: http://www.dokostola.sk/kostol/410091-farsky-kostol-navstivenia-panny-marie

모기 마을

Komárno(코마르노/"꼬마르노")

지 역	니트라(Nitra)
해발 고도	110m(361ft)
인 구	34,461명(2014년 12월 31일)
우편 번호	945 01
지역 번호	+ 421-35
자동차 번호판	KN
웹사이트:	www.komarno.sk

Komárno(코마르노, "꼬마르노" 발음에 가까움. 헝가리어: Komárom, 구어체로 Révkomárom, Öregkomárom, Ézzak-Komárom, 독일어: Komorn, 세르비아어: Komoran/Коморан)는 슬로바키아의 다뉴브강과 바흐강의 합류 지점에 있는 마을이다. 코마르노는 다뉴브강 유역에 위치한 헝가리 그리고 헝가리인의 역사적 마을 일부분으로부터 형성되었다. 제1차 세계 대전과 Trianon(트리아농) 조약에 따라 새롭게 창안된 체코슬로바키아 국경은 역사적인 통일 도시를 반으로 구분하여 2개의 신도시를 만들었다. Újszőny("우이소니")의 이전 교외 지역에 기반을 둔 더 작은 부분은 현재 헝가리에서 Komárom(코마롬, "꼬마롬" 발음에 가까움. 역사적인 헝가리 마을은 같은 이름을 가지고 있음.)이나. Komárno(코마르노)와 Komárom(코마롬)은 Schengen Area(셍겐 지역) 규칙에 따라 국경 검사가 행해졌을 때까지 슬로바키아와 헝가리를 횡단하는 국경이었던 Elisabeth Bridge(엘리자베스 다리)로 연결되었다.

코마르노는 다뉴브강에 위치한 슬로바키아의 주요 항구이다. 이 도시는 인구의 약 60%를 차지하는 헝가리인들의 공동체의 중심이기도 하다. 또한, 세르비아 국적 소수 민족이 살고 있는 슬로바키아 내의 역사적인 마을이기도 하다.

이름과 어원학

마을 이름은 슬라브어 또는 라틴어 단어가 어원이다. 첫 번째 해석은 간단하다. 이름은 komár(슬라브어/슬로바키아 어: 모기)와 끝음 '-no(장소 이름)'의 두 부분으로 구성된다. 따라서 Komárno는 "많은 모기가 있는 장소"를 의미하며 다뉴브(Danube) 근처의 늪 지역의 위치를 반영한다. 다른 이론에 따르면, 이 이름은 라틴어 단어인 commercium("무역 센터"를 의미함)에서 파생된다고도 전해진다. 이에 따르면 무역 중심지 마을로 해석될 수 있다.

이 마을의 헝가리 이름은 역사적으로 코마롬(Komárom)이다. 도시가 분열되어 있기 때문에 Révkomárom(Komárom 항구), Öregkomárom(구 Komárom) 및 Észak-Komárom(북 Komárom) 이름들은 단순히 코마롬(Komárom)이라고 불리는 헝가리 쪽 마을과 구별하기 위해 다른 단어와 조합해서 사용된다.

명소

코마르노의 타운 중심지를 포함한 대부분의 역사 및 문화 유적지는 잘 보존되어 오늘날까지 남아 있다. 자치구 및 타운 홀, 법원, 세인트 앤드류스 교회, 다뉴브 박물관 및 기타 건물은 역사적인 건축물들의 예이다. Klapka 광장(György Klapka, 독립 전쟁에서 오스트리아에 대항하여 Komárno를 옹호한 헝가리 장군의 이름을 딴)과 요새 구조로 잘 보존된 유적들은 코마르노의 주요 역사적 기념물로 마을의 자부심과 탄력성을 상징한다. Komárno(코마르노)와 Komárom(코마롬)은 오스트리아-헝가리 시대에 하나의 도시였기 때문에 다뉴브강 제방 쪽에 추가된 3개의 요새가 있다. 마을 중심의 유럽 광장에는 유럽 각지를 상징하는 건물들이 있다. 그 건물들에는 상점과 레스토랑들이 들어서 있다.

주요 관심장소

Komarno City Centre(Centrum)

위치/주소: Svatoondrejska & Leharova, then head east, Komarno, Slovakia

Courtyard of Europe(Nádvoria Európy)

위치/주소: Nadvorie Europy 1, Komarno 945 01, Slovakia
웹사이트: http://www.europeplace.com/

Danube Museum in Komárno (Podunajske muzeum v Komarne)

위치/주소: Palatinova 13, Komarno 945 05, Slovakia
웹사이트: http://www.muzeumkn.sk/index.php?cat=12&page=article

Thermal Swimming Pool Komarno (Termalne Kupalisko Komarno)

위치/주소: Vnutorna Okruzna 19, Komarno 945 01, Slovakia
웹사이트: http://www.thermalkn.sk/site/index.php

항상 왼쪽으로

Levice("레비체")

지 역	Nitra
해발 고도	163m
인 구	35,980명(2006년 12월 31일)
우편 번호	934 01

전화 번호	+ 421-36
자동차 번호판	LV
웹사이트:	http://www.levice.sk

Levice("레비체" 발음에 가까움. 헝가리어: Léva, 독일어: Lewenz)는 슬로바키아 서부의 한 마을이다. 이 마을은 Hron(흐론) 강 하류의 왼쪽 강둑에 위치해 있다. 마을의 오랜 슬라브족 이름은 레바(Leva)로, "왼쪽의 것"을 의미한다.

이 마을은 1,551km^2 면적을 가지고 있으며, 슬로바키아에서 가장 큰 지구인 Levice(레비체) 지구의 중심지다. 마을의 전령 동물은 사자(슬로바키아어: Lev)이고, 마을의 색깔은 초록색과 황색이다.

경 제

현지에서 생산된 골든 오닉스(Golden Onyx)의 직물, 화장품, 가구, 제품과 기계 및 건설 부품, 시리얼, 육류, 달걀, 유제품, 청량음료, 맥아, 와인(Levická frankovka는 현지에서 생산된 적포도주의 상표임.) 등 다양하다. 슬로바키아의 두 원자력 발전소 중 한 발전소가 Levice의 북서쪽으로 12km 떨어진 Mochovce("모호우체") 마을에 있다.

주요 볼거리들

성곽: 고딕 스타일로 13세기의 말 요새를 지키는 무역 경로로 지어졌다.

St Joseph's Church: 바로크 양식이 가미된 로마 가톨릭 교회

St Michael's Church(Kostol svätého michala levice): 로마 가톨릭 교회, 18세기 하반기에 설립

Church of the Holy Spirit(Kostol Najsvätejšej Trojice): 로마 가톨릭 교회, 21세기초에 설립

Chapel of St Urban(Kaplnka svätého Urbana): 로마 가톨릭 교회 1770년대

Evangelic church in Levice (Klasicistický evanjelický kostol Evanjelicky kostol v Leviciach): 루터교회 1840년대~1930년대에 설립

Zborový dom Cirkvi Bratskej v Leviciach (Congregational House): 루터교회

Kostol Reformovanej cirkvi: 칼빈 교회, 18세기 지워짐.

Synagogue (Synagóga v Leviciach): 유대교, 19세기 중반

Schoeller's Mill (Schoellerov mlyn): 19세기 세워짐. 1998년에 귀중품 가게, 사무실, 유흥 시설로 재건됨.

Main square (Námestie hrdinov): 중앙 광장.

Town hall (Námestie hrdinov): 마을 사무소. 1902에 최초 세워짐. 2층은 1927년에 기중기 스크류 기술에 의해 확장됨.

레비체는 Fodor(포도르)의 여행 서적 회사 설립자인 Eugene Fodor(1905~1991)의 고향이기도 하다.

주요 관심장소

Levice Synagogue (Synagóga v Leviciach)

위치/주소: Kittenberga Kalmana ul. 3191, Levice, Slovakia

Tekovske Museum

위치/주소: Sv. Michala 40, Levice 934 01, Slovakia
웹사이트: http://www.muzeumlevice.sk/

Brhlovce Rock Dwellings (Skalné obydlia)

위치/주소: Brhlovce 142 | Uli ka Šurda, 935 02, Slovakia
웹사이트: http://skalneobydlia.sk/

대주교의 새로운 성

Nové Zámky(노베 잠키/"노베 잠끼")

지 역	Nitra
지 구	Nové Zámky
해발 고도	119m(390ft)
인 구	39,585명(2011년 12월 31일)
우편 번호	940 01
지역 번호	+ 421-35
자동차 번호판	NZ
웹사이트:	www.novezamky.sk

Nové Zámky(노베 잠키, "노베 잠끼" 발음에 가까움. 헝가리어: Érsekújvár, 독일어: Neuhäus, 터키어: Uyvar, 라틴어: Novum Castrum)는 슬로바키아 남서부 지역에 자리한 마을이다.

특 징

이 마을은 독특한 역사를 가지고 있다. 10세기 후반부터 1918년까지 헝가리 왕국의 일부였다. 1573~1581년에 오스만 투르크족에 대항하기 위하여 오래된 정착지에 요새를 세웠다. 1589년과 1663년 사이, 이 정착지는 헝가리 힘징(Captaincy)의 자리였다. 마을은 요새를 중심으로 수변 지역을 개발했다. 거대한 새 요새가 지어졌고, 그 요새는 유럽에서 가장 현대적인 요새 중 하나로 간주된다. 그 요새는 포병의 진격에 대응하기 위한 '별 형태'를 가지고 있다. 참고로 이 마을의 헝가리어 이름은 "대주교의 새로운 성"을 의미한다.

"Nové Zámky 앞에 있는 투르크인처럼 강하다."는 말은 결정력과 안정성과 함께 일을 진행한다는 것을 의미하고, 투르크인들이 이 지역을 힘들게 정복 결정할 당시의 기억을 반영한 표현이기도 하다.

박물관

Björnsonova("비요르 소노바") 거리의 Ernest Zmeták Art Gallery(Galéria umenia Ernesta Zmetáka, "에르네스따 즈메따까")에는 2개의 영구 전시회가 있다. "16~20세기의 유럽 미술"이라는 첫 번째 작품은 현지 화가이자 수집가인 Ernest Zmeták("에르네스따 즈메따끄")의 기부 작품을 기반으로 한다.

두 번째 작품은 헝가리의 전위적인 예술가이자 작가인 Lajos Kassák("라요스 까싸크")의 작품을 소개한다.

유대교 교회당(Synagóga)

정통 유대교 회당은 Česká bašta("체스까 바쉬따")에 위치하고 있으며 19세기 후반부에 세워졌다. 1992년 재건축 후 슬로바키아의 역사적인 랜드마크로 등록되었다. 슬로바키아(브라티슬라바, 코시체, 바르데요프, 노베 잠키)에 있는 유대인 공동체가 종교적 목적으로 사용하는 4개의 회당 중 하나의 회당이다.

프란체스코 교회와 수도원(Františkánsky kostol a rímskokatolícky kláštor)

프란체스코 교회와 수도원은 17세기 중반 초기 바로크 양식으로 지어졌다. 이 단지는 18세기와 19세기 말에 개조되었다.

주요 관심장소

Airport Golf Club

위치/주소: Namestie hrdinov 1 | Mesto Je Šurany a nie Slepčany, Slepcany 942 01, Slovakia

웹사이트: http://www.airportgolf.sk/sk/uvod

화학 전문가 마을

Šaľa("샬라")

지 역	니트라(Nitra)
해발 고도	118m(387ft)
인 구	24,256명(2006년 12월 31일)
우편 번호	927 01
전화 번호	+ 421-31
자동차 번호판	SA
웹사이트:	http://www.sala.sk

Šaľa("샬라" 발음에 가까움. 헝가리어: Vágsellye, 독일어: Schelle)는 슬로바키아 남서부의 마을이다.

지리학

이 마을은 바흐강 제방 양쪽에 걸친 다뉴브 저지대에 위치하고 있으며, 브라티슬라바에서 약 65km, Nové Zámky("노베 잠끼")에서 약 30km 떨어져 있다. 마을 자체를 제외하고는 강 왼쪽 주에 있는 Veča("베챠") 자치구와 Hetméň("헤뜨멘") 및 Kilič("낄리취")의 주거지가 있다. 이 마을은 따뜻한 기후대에 속한다.

경 제

이 마을의 경제는 약간 동쪽에 위치한 Duslo, a.s.("두슬로") 회사에 의해 주도되는 화학 산업을 기반으로 한다. 기타 부문에는 섬유 및 건설 산업이 포함된다.

주요 관심장소

Memorial to victims of WW2(Pamätník obetiam 2. svetovej vojny)

위치/주소: Hlavná 14/59, 927 01 Šaľa

Memorial of the Slovak National Uprising(Pamätník Slovenského Národného Povstania)

위치/주소: Dolná, 927 01 Šaľa

포플러 나무가 풍성한

Topoľčany(토폴차니/"또뽈챠니")

지 역	니트라(Nitra)
지 구	Topoľčany
해발 고도	174m(571ft)
인 구	27,177명(2011년 인구 조사)
우편 번호	95501
지역 번호	+ 421-38

자동차 번호판 TO

웹사이트: http://www.topolcany.sk

Topoľčany(토폴차니, "또뾜챠니" 발음에 가까움. 헝가리어: Nagytapolcsány)는 슬로바키아의 니트라(Nitra) 지역에 있는 한 마을이다. 이 마을 사람들은 Žochári("죠하리", 단수: Žochár "죠하르")라고 불린다("이끼의 생산자 혹은 소유자"의 의미).

이 름

Topoľčany("또뾜챠니")라는 이름은 슬로바키아어의 topoľ("또뾜", 포플러 나무)에서 파생한 것으로 추정된다. 이 나무들의 숲은 니트라 강 유역에 풍성했기 때문에 현지 주민들은 Topoľčane("또뾜챤", "포플러 사이에 사는 사람들")이라는 이름을 얻었다. 그러나 또 다른 최근의 연구에 의하면 이 이름은 "따뜻함 혹은 뜨거움"을 의미하는 오래된 슬라브어 topol("또뾜")에서 파생한 것으로, 중세 초기에 이 지역에 온천이 있었기 때문에 이렇게 불려졌다는 가설도 있다.

명 소

대형 육군 막사들이 마을에 있다. 공산주의 시대에 약 2,000명의 군대가 도시에 주둔했다. 주변 숲은 버려진 벙커로 가득하다.

Tovarniky Chateau and Park (Kulturne pamiatky v Tovarnikoch)

위치/주소: Pod kastielom, Topolcany, Slovakia

웹사이트: http://www.tovarniky.eu/kulturne-pamiatky.html

Church of Virgin Mary (Kostol Nanebovzatia Panny Márie)

위치/주소: Namestie Milana Rastislava Stefanika, Topolcany, Slovakia

웹사이트: https://www.topolcany.fara.sk/

Chapel (Kaplnka Topolcany)

위치/주소: Krusovska ul. 81, Topolcany, Slovakia

웹사이트: https://mytopolcany.sme.sk/c/7661494/pre-kaplnku-v-sucasnosti-vyuzitie-nemaju.html

Topoľčany castle (Topoľčiansky hrad)

위치/주소: 955 01 Podhradie

웹사이트: topolcianskyhrad.sk

슬로바키아의 혈관

Žilina(질리나/"쥘리나")

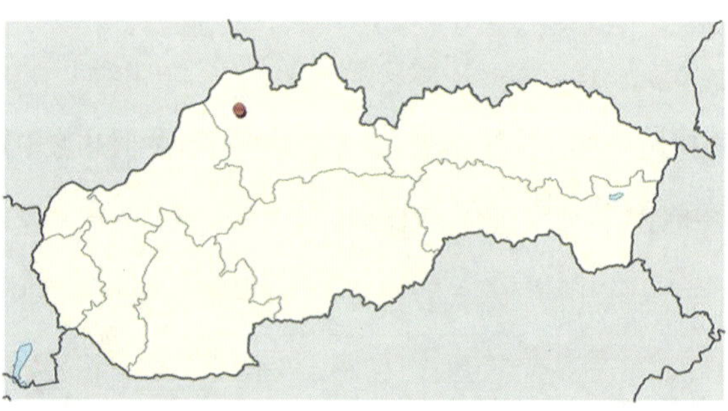

지 역	Žilina
지 구	Žilina
- 고도	342m(1,122ft)
인 구	81,155명(2014년 12월 31일)
- 도시	108,114명
- 광역도시	154,000명
우편 번호	010 01
지역 번호	+ 421-41
자동차 번호판	ZA
웹사이트:	www.zilina.sk

Žilina(질리나, "쥘리나" 발음에 가까움. 독일어: Sillein, 헝가리어: Zsolna, 폴란드어: Żylina)는 슬로바키아 북서쪽에 있는 한 도시이다. 체코 브라티슬라바에서 200km 떨어진 곳으로 체코와 폴란드 국경과 가깝다. 이 도시는 약 85,000명의 인구를 가지고 있고, 중요한 산업 중심지이다. Váh("바흐") 강을 낀 도시 중에서는 가장 큰 도시이고 Kraj(Žilina 지역)와 Okres(Žilina 지구)의 중심 도시 지위와 더불어 슬로바키아의 제4의 도시이기도 하다.

어 원

이름은 슬라브어/슬로바키아어 단어 Žila("쥘나", "(강의) 정맥") 뜻에서 유래하였다. 질리나는 "많은 수로가 있는 곳"을 의미한다.

역 사

오늘날의 질리나 주변 지역은 석기 시대(기원전 약 2만 년 전)부터 사람이 거주했다. 5세기에 슬라브 족들이 이 지역으로 이주하기 시작했다. 질리나에 대한 최초의 서술은 1208년에 "Terra de Selinan" 이름으로 기록되었다. 10세기 후반부터 1918년까지 헝가리 왕국의 일부였다.

이곳은 Martin Declaration(마틴 선언, 1918년 10월 30일)에 서명한 최초의 지방 자치 단체 중 하나였고, 1919년 3월까지 슬로바키아 정부의 소속이었다. 1938년 10월 6일, 뮌헨 협약 직후 체코 슬로바키아 내에서의 슬로바키아 자주권 선언이 이 도시 질리나에서 행해지기도 했다.

상 징

질리나의 문장은 올리브 녹색 배경에 뿌리와 두 개의 황금 별이 있는 황금 이중 십자가(소위 로레인 교차)이다. 더블 크로스는 비잔틴 원산지이며 키릴 문자 법의 전통에 기인한다. 이것은 슬로바키아뿐만 아니라 유럽에서 가장 오래된 시립 문장 중 하나이다. 이 문장은 1378년 이후 도시의 상징으로 사용되었다.

경 제

질리나는 대규모 도소매 및 건설 분야의 북서부 슬로바키아 비즈니스 센터로서 급성장하는 경제력을 지닌 산업 허브 도시이다.

지금까지 가장 크고 가장 중요한 고용주는 한국의 기아 자동차이다. 이 공장은 연간 30만 대의 자동차를 생산하고 최대 3,000명의 직원을 고용하고 있다. 기아 자동차의 질리나 자동차 공장에 대한 직접 투자는 15억 달러를 상회한다. 기아 cee'd, 기아 Venga, 기아 Sportage 자동차 모델을 생산하고 있다. 기아 자동차는 체코 공화국의 오스트라바 근처에 위치한 자매 회사인 현대(Hyundai)의 엔진 생산 준비 능력을 한층 더 업그레이드하는 목적으로 계획된 투자액은 2억 달러에 달한다.

또한, 질리나는 가장 큰 슬로바키아 건설 및 운송 엔지니어링 회사인 Valhostav("바호스타우")가 있다. 화학 산업은 Považské chemické závody("뽀배스께 헤미츠께 자보디")와 제지 회사인 Tento("뗀또")가 대표한다. Siemens Mobility는 질리나에 엔지니어링 센터를 두고 있다.

주요 볼거리들

1990년대 초에 재건된 이 도시의 역사적 중심지는 도시 기념물 보호 구역으로 보호된다(슬로바키아어: Mestská pamiatková rezervácia). 그것은 Mariánske námestie("마리안스께 나메스찌에")와 Andrej Hlinka("안드레이 흘링카") 광장을 중심으로 한다. Mariánske námestie 광장에는 106개의 아케이드 통로가 있다. 이곳에서는 사도 바울의 교회, 시의회의 오래된 건물, 그리고 성모 마리아의 바로크 동상이 눈에 띄기도 한다. 근처에는 1400년경에 지어진 성스러운 건물인 성 트리니티 교회(Church of the Holy Trinity, Farský kostol)가 있다. 이 성당은 2008년 2월부터 질리나 교구 성당이 되었다.

성스티븐 왕 교회(Kostol St. Štefana krála)은 센터에서 남서쪽으로 1km 떨어진 곳에 위치해 있고, 질리나 도시에서 가장 오래된 건축물이다. 그곳은 1200~1250년 세워진 슬로바키아 최초의 로마네스크 양식의 교회 중 하나이다. 그곳의 벽화는 대략 1260년부터 기인한다. 그 벽화는 1950년에 발견되었고 후에 질리나의 저명한 화가 Mojmír Vlkoláček("모이미르 블코라체크")에 의해 복원되었다. 요즘에는 결혼식 목적으로 인기 있는 장소이다.

도시 주변의 다른 볼거리들

Budatin("부다틴") 성: 성 안에 무역 전시장과 박물관도 있다.

St. George 로마 가톨릭 교회: 질리나 근처 Trnove("뜨르노베") 마을에 있는 목조 형태의 교회

Múzeum židovskej kultúry("무제움 지도우스께이 꿀뚜리"): 정통 유대교 회당. 현재는 유대 문화 박물관

Nová Synagóga("노바 시나고가"): 신 유대교 회당. 문화 센터.

이 도시는 슬로바키아 서부 및 동부의 여러 지역을 출발점으로 하는 Malá Fatra("말라 파트라")및 Veľká Fatra("벨카 파트라") 산으로의 등산로를 포함한다. 다른 관심 장소로는 Bojnice("보이니체") 성, Strečno("스뜨레취노"), Orava("오라바") 지역, Čičmany("치치마니") 및 Vlkolínec("블코리네츠") 마을이 있다.

박물관으로는 다음과 같다.

Považská galéria(Žilina 미술관)

Povžské múzeum(Považie 박물관): Budatín 성에 있음

Múzeum židovskej kultúry(유태인 문화 박물관)

스포츠

축구 클럽 MŠK Žilina는 슬로바키아의 Fortuna liga에서 참여하고 있으며, 최근 몇년 동안 가장 성공적인 팀 중 하나이다. 2001년부터 2010년까지 5차례 국내 우승을 차지했으며 3회 준우승을 차지했다. 팀의 색깔은 노란색 그리고 도시의 깃발에서 가져온 녹색이고, 홈 경기는 시내 중심가에 있는 Stadium Pod Dubňom("뽀드 두브뇸")에서 진행된다. 그들은 그룹 역사상 처음으로 2010-11 UEFA 챔피언스 리그에서 뛰었다.

아이스하키 클럽 'MsHK Žilina'는 슬로바키아 Extraliga에서 경기를 한다. 그들은 지금까지 1회 국내 타이틀을 수상했다.

럭비 클럽은 슬로바키아 리그에서 뛰고 있고, 슬로바키아 최고의 위치를 자랑한다. Olomouc Rugby Club의 지원을 받아 체코 챔피언십에 참가하고 럭비 클럽 브라티슬라바와 파트너십을 맺어 럭비 이벤트를 조직하고 있다.

슬로바키아 전문 도로 자전거 경주 월드 투어 팀 'Bora-Hansgrohe' 소속 Peter Sagan(피터 사간)은 1990년 질리나에서 태어났으며 20대 초반에 많은 명망 있는 승리를 거둔 자전거계에서 가장 유능한 재능인이다. 그는 2012년부터 2016년까지 투르 드 프랑스(Tour de France)의 점수 획득 분야에서 우승을 해왔다. 2015년에는 UCI로드 월드 챔피언십에서 우승한 최초의 슬로바키아 선수이기도 하다.

교통/수송

이 도시는 중요한 국제 도로 교차점이며 Žilina 기차역은 주요 철도 교차점이다.

도로와 철도는 도시를 Bratislava("브라티슬라바"), Prievidzda("쁘리에비드즈다"), 북쪽에는 Čadca("챠드차"), 동쪽에는 Martin("마틴")과 연결한다. D1 및 D3 고속도로가 Žilina("질리나")로 연결된다.

도심에서 약 10km 떨어진 곳에 국제 질리나 공항(Letisko Žilina, Dolný Hričov)이 있다.

도시 내의 대중교통은 DPMZ에 의해 운영되며 버스(1949년 이후)와 트롤리 버스(1994년 이후)로 구성된다.

주요 관심장소

Lietava Castle(hrad)

위치/주소: Lietava, Zilina 013 18, Slovakia

웹사이트: http://www.hradlietava.sk/

Marianske Square(namestie)

위치/주소: Marianske Namestie, Zilina, Slovakia

Holy Trinity Cathedral (Katedrála Najsvätejšej Trojice)

위치/주소: Katedralne namestie 3, Zilina 01001, Slovakia

웹사이트: http://slovakia.travel/kostol-najsvaetejsej-trojice-katedralny-chram

Aupark(Shopping mall)

위치/주소: Velka Okruzna 59A, Zilina 010 01, Slovakia
웹사이트: https://www.auparkzilina.sk/

Budatin Castle (Budatin hrad)

위치/주소: Topolova 1, Zilina 010 03, Slovakia
웹사이트: https://pmza.sk/

Railway station (Stanica Zilina-Zariecie)

위치/주소: Zavodska cesta 3, Zilina 010 01, Slovakia
웹사이트: https://www.stanica.sk/

Považské Museum

위치/주소: Topolova 1, Zilina 010 03, Slovakia
웹사이트: http://www.pmza.sk/

Church of St. Barbara (Kostol svätej Barbory žilina)

위치/주소: Frantiskanske namestie, Zilina, Slovakia

Rosenfeldov Palace (Rosenfeldov Palác)

위치/주소: Hurbanova 28, Zilina 01001, Slovakia
웹사이트: https://rosenfeldovpalac.sk/

Old Town Hall (Stará radnica)

위치/주소: Marianske namestie, Zilina 01001, Slovakia

Andrej Hlinka Square

위치/주소: Namestie Andreja Hlinku, Zilina, Slovakia

Triple house (Trojdom)

위치/주소: Marianske namestie 5, Zilina, Slovakia
웹사이트: http://www.tikzilina.eu/mestiansky-dom-5-trojdom/

Chapel of Our Lady of Sorrows in Chrasti(Kaplnka Sedembolestnej Panny Márie v Chrasti)

위치/주소: Lesopark, Zilina, Slovakia
웹사이트: http://www.tikzilina.eu/kaplnka-sedembolestnej-panny-marie-v-chrasti/

Burian Tower (Burianova veža)

위치/주소: Horny Val, Zilina, Slovakia

Statue St. of Cyril and Methodius (Socha sv. Cyrila a Metoda)

위치/주소: Namestie Andreja Hlinku, Zilina, Slovakia

연기 그윽한
Čadca("챠드차")

지 역	Žilina
지 구	Čadca
해발 고도	420m(1,378ft)

인 구	24,959명(2010년 12월 31일)
우편 번호	022 01
지역 번호	+ 421-41
자동차 번호판	CA
웹사이트:	www.mestocadca.sk

Čadca("챠드차" 발음에 가까움. 1918년까지 Čatca, Czača로 불리움. 헝가리어: Csaca, 폴란드어: Czadca)는 슬로바키아 북부 지역의 폴란드와 체코 국경 근처의 마을이다.

어 원

마을 이름은 čad('연기', '그을음'을 뜻함.)라는 단어에서 파생되었다.

경 제

세계 최대 (그리고 마지막) 진공관 생산 업체 중 하나인 'JJ Electronic'은 이 마을에 공장을 두고 있다.

교통/수송

챠드차 기차역은 이 마을의 주요 역이다. 그 역은 체코로 이어지는 Žilina–Čadca-Svrčinovec zastávka-Mosty u Jablunkova 국경 노선을 잇는다. 또한, 폴란드로 연결되는 국경선의 한 부분이기도 하다.

이 역은 다양한 국가의 다양한 목적지로의 철도 서비스를 제공한다. 오스트라바(Ostrava), 보후민(Bohumin) 또는 프라하(Prague)로 향하는 České dráhy 열차, LEO Express 열차가 있고, 폴란드 Zwardoń행 열차도 있다.

주요 관심장소

Museum of the Kysuce Village (Kysucke Muzeum)

위치/주소: Moyzesova, Cadca 022 01, Slovakia

웹사이트: http://www.kysuckemuzeum.sk/

Kostol of St. Andrew (Kostol svateho Andreja Svorada a Benadika)

위치/주소: Radostka 304, Cadca 023 04, Slovakia

웹사이트: http://www.starabystrica.sk/sk/navstivte-v-starej-bystrici/bystricej-doline/47-kostol-sv-andreja-svorada-a-benadika

St. Florian Park(Park sv. Floriána)

위치/주소: Stara Bystrica 2037, Cadca 023 04, Slovakia

웹사이트: http://www.starabystrica.sk/sk/navstivte-v-starej-bystrici/v-strarej-bystrici/40-park-sv-floriana

Church of St. Michael the Archangel(Kostol sv. Michala Archanjela)

위치/주소: Stara Bystrica 2037, Cadca, Slovakia

웹사이트: http://www.starabystrica.sk/sk/navstivte-v-starej-bystrici/v-strarej-bystrici/28-kostol-sv-michala-archanjela

Outlaw bastion(Zbojnícka bašta a zbojnícky kameň)

위치/주소: Stara Bystrica 2037 | Stara Bystrica 2037, Cadca, Slovakia

웹사이트: http://www.starabystrica.sk/sk/navstivte-v-starej-bystrici/v-strarej-bystrici/26-zbojnicka-basta-a-zbojnicky-kamen

Saint Michael's Square (Rinok sv. Michala Archanjela)

위치/주소: Stara Bystrica 520, Cadca 023 04, Slovakia

웹사이트: http://www.starabystrica.sk/sk/navstivte-v-starej-bystrici/v-strarej-bystrici/27-rinok-sv-michala-archanjela

로빈 후드 마을

Liptovský Mikuláš(립토우스키 미쿨라시/"립또우스끼 미꿀라쉬")

지 역	Žilina
지 구	Liptovský Mikuláš
해발 고도	577m(1,893ft)
인 구	32,786명(2006년 12월 31일)
우편 번호	031 01

전화 번호	+ 421-44
자동차 번호판	LM
웹사이트:	http://www.mikulas.sk/

Liptovský Mikuláš(립토우스키 미쿨라스, "립또우스끼 미꿀라쉬" 발음에 가까움. 1952년까지 Liptovský Svätý Mikuláš, 독일어: Liptau-Sankt-Nikolaus, 헝가리어: Liptószentmiklós)는 슬로바키아 북부의 Váh 강에 위치한 한 마을이다. 브라티슬라바에서 약 285km 거리에 있다. 이 마을은 Low Tatra(Nízke Tatry, "니즈께 따뜨리")와 Tatra 산맥(Tatry, "따뜨리") 근처 Liptov("립또우") 분지에 위치해 있다. 공산주의 시대 이전에 Liptovský Svätý Mikuláš(또는 Liptovský Saint Nicholas)로 알려진 이 마을은 '길드(중세 유럽의 동업자조합)와 문화의 마을'로도 유명하다.

역 사

이 마을은 Liptov("립또우") 지역에서 가장 중요한 공예의 중심지 중 하나였다. 장인들이 길드를 형성했다. 가장 오래된 길드는 1508년에 언급된 제화공 길드였다. 대장장이, 양복점, 모자, 정육점과 같은 다른 길드들도 있었다.

1677년 이 마을은 Liptó("립또") 자치구뿐만 아니라 지방 지구의 중심지가 되었다. 전설적인 슬로바키아인, '로빈 후드'로 불렸던 Juraj Jánošík("유라이 야노쉬크")는 1713년에 여기에서 형을 선고받고 흉곽에 매달려서 사형을 당했다.

Liptovský Mikuláš("립또우스끼 미꿀라쉬")는 19세기의 헝가리화(magyarization) 기간에 슬로바키아인들을 위한 중요한 역할을 했다. 그곳은 슬로바키아 민족 운동의 중심지 중 하나였다. 최초의 슬로바키아어 극장은 1830년에 'G. F. Belopotocký의 극장'으로 설립되었다. 이 마을은 중요한 슬로바키아어 낭만주의 시인이자 국가 운동가인 Janko Kráľ("얀꼬 크랄")이 헝가리 제국에서 슬로바키아 국가의 자결권을 얻기 위해 투쟁했던 곳이기도 하다. 또한, 다른 국가 부흥 운동가인 Michal Miloslav Hodža("미할 밀로스라우 호드쟈")가 이 마을에 살았다. 슬로바키아의 국가 부흥 운동의 리더였던 Ľudovít Štúr("루도빗 쉬뚜르")는 1848년 Liptovský Mikuláš에서 오스트리아-헝가리 제국의 지도자들에게 슬로바키아 국민의 현존 문제를 해결할 수 있는 공식적인 호소 내용이 담긴 '슬로바키아 국가의 요구'라는 문서를 공개하기도 했다.

관광 여행

이 마을은 슬로바키아에서 가장 유명한 관광지 중 한 곳이다. 이 마을에서는 풍부한 문화적 삶을 볼 수 있고, Low Tatras(Nízke Tatry, "니즈께 따뜨리")와 Demanova 얼음 동굴(Demanovska ľadova jaskyňa, "제매노우스까 라도바 야스끼냐"), Demänová 자유의 동굴(Demänovská jaskyňa slobody, "제매노우스까 야스끼냐 슬로보디"), 또는 서부 Tatras(Západné Tatry, "자빠드네 따뜨리")로 쉽게 접근할 수 있는 곳이기에 관광 시작점으로 유명하다. 마을 서쪽으로 몇 km 떨어진 Ružomberok("루좀베로크") 근처의 Vlkolínec("블코리네츠") 또는 Pribylina("쁘리비리나") 마을에서 민속 건축물을 볼 수 있으며 레크리에이션을 위해 Liptovská Mara("립또우스까 마라")라는 호수를 이용할 수 있다. 2004년부터 Aquapark Tatralandia("아쿠아파크 따뜨라란디아")라는 새로운 수족관이 오픈되었다. 이 지역은 슬로바키아에서 가장 큰 스키 리조트 Jasná("야스나")와 가까운 위치 때문에 잘 알려져 있다. 현대적인 리프트와 최근에 추가된 인프라로 인해 지난 몇 년 동안 많은 서구 관광객들에게 인기 있는 스키 중심지가 되었다.

스포츠

아이스하키: MHk 32 Liptovský Mikuláš는 2010년까지 '슬로바키아 Extraliga'에서 뛰었으며, 현재 First League에서 뛰고 있다.

인근 Váh("바흐") 강에 있는 Ondrej Cibak Whitewater Slalom("온드레이 치박") 코스는 슬로바키아에서 가장 오래된 급류 활강 코스이다. 2008년 카누 활강 경기(C-1)에서의 올림픽 우승자인 미할 마르티칸(Michal Martikán)이 태어나 이곳에 살고 있다. 올림픽 우승자인 Elena Kaliská("엘레나 깔리스까")도 마을 스포츠 클럽의 회원이다.

주요 관심장소

Demanovska Cave of Liberty(Demänovská jaskyňa slobody)

위치/주소: Low Tatras, Liptovsky Mikulas, Slovakia

웹사이트: http://www.ssj.sk/sk

Jasna Nizke Tatry

위치/주소: Demanovska Dolina 72, Liptovsky Mikulas 031 01, Slovakia

웹사이트: https://www.jasna.sk/

Zoo Kontakt

위치/주소: Raztocka, Liptovsky Mikulas 031 01, Slovakia

웹사이트: https://www.zookontakt.sk/

Aquapark Tatralandia

위치/주소: 21 Raztocka Street, Liptovsky Mikulas, Slovakia

웹사이트: https://www.tatralandia.sk/

The Synagoge of Liptovsky Mikulas (Synagoga v Liptovskom Mikulasi)

위치/주소: Holleho 20, Liptovsky Mikulas, Slovakia

웹사이트: http://www.mjk.sk/?language=sk&page=141

The Slovak Museum of Nature Protection and Speleology (Slovenske muzeum ochrany prirody a jaskyniarstva)

위치/주소: Skolska 1124/4, Liptovsky Mikulas 031 01, Slovakia

웹사이트: http://www.smopaj.sk/en

Liptovska Mara (Dam)

위치/주소: Liptovsky Mara, Liptovsky Mikulas, Slovakia

웹사이트: http://slovakia.travel/liptovska-mara

Church of St. Nicholas (Kostol svateho Mikulasa)

위치/주소: 27 Namestie osloboditelov, Liptovsky Mikulas, Slovakia

Tetrapolis-The world of miniatures (Tatrapolis-Svet miniatur)

위치/주소: Raztocka 1003, Liptovsky Mikulas 031 05, Slovakia

웹사이트: https://www.tatralandia.sk/zazitky/tatrapolis/tatrapolis-svet-miniatur/

Gallery of Peter Michal Bohun (Liptovska galeria Petra Michala Bohuna)

위치/주소: Tranovskeho 3, Liptovsky Mikulas 03101, Slovakia

웹사이트: http://www.galerialm.sk/

부정 부패 저리 가라~

Martin(마틴/"마르띤")

지 역	Žilina
지 구	Martin
해발 고도	395m(1,296ft)
인 구	55,000명(2016년)
- 도시	76,550명
- 광역도시	97,214명
우편 번호	036 01
지역 번호	+ 421-43
자동차 번호판	MT
웹사이트:	http://www.martin.sk

Martin(마틴, "마르띤" 발음에 가까움. 1950년까지는 Turčiansky Svätý Martin이라 불림. 헝가리어: Turócszentmárton, 독일어: Turz-Sankt Martin, 라틴어: Sanctus Martinus/Martinopolis)는 슬로바키아 북부의 Žilina("질리나") 시 근처 Malá Fatra("말라 파뜨라")와 Veľká Fatra("벨까 파트라")산 사이에 흐르는 Turiec("뚜리에츠") 강 주변에 위치한 도시이다. 인구는 약 55,000명으로 슬로바키아에서 8번째로 큰 도시이다.

명 소

가장 오래된 건물은 St. Martin of Tours(13세기, "뚜르" 출신의 성 마틴) 대주교에 헌정된 로마네스크 양식의 교회이다. 슬로바키아 국립 박물관(Slovenské národné múzeum Martin, "슬로벤스께 나로드네 무제움 마르띤")은 민족적 수집품들을 이 마을에 두고 있다. 교외의 야외 박물관인 슬로바키아 마을 박물관(Jahodnícke háje, "야호드니츠께 하예")은 Turiec("뚜리에츠") 지역의 전통 농촌 건축과 민속 전통물을 전시한다. 슬로바키아 국립 묘지(Národný cintorín, "나로드니 친또린")는 공식 슬로바키아 명예의 전당으로 파리의 판테온(Panthéon)에서 영감을 얻은 곳이다. 마틴의 슬로바키아 체임버 극장(Slovenské komorné divadlo, "슬로벤스께 꼬모르네 지바들로")은 1944년 슬로바키아의 두 번째 전문 연극 기업으로 설립되었다. 극장 건물은 도심의 랜드마크이다.

경 제

마틴은 Volkswagen(폭스바겐) Slovakia 자회사 관할 Volkswagen Group

소유의 자동차 산업 생산 공장의 본거지이다. 2000년에 설립되어 약 800명의 직원을 고용하고 있다. 폭스 바겐은 200명이 넘는 노동자들을 해고해야 할 만큼 경기 침체로 인해 큰 타격을 입었다. 덴마크 신발 회사 ECCO는 Kosuty("꼬수띠") II 산업 단지 근처에 위치하고 있다. 이 단지에는 MAR SK, GGB 또는 Zinkpower와 같은 다른 회사들도 위치해 있다. 대학 병원에는 약 2,000명의 의사, 간호사 및 기타 관련인들이 고용되어 있다. 유럽 국가의 출판사들게에 고품질로 평가되는 인쇄 회사인 'Neografia'도 이 도시에 있다. 'ŽOS Vrútky(철도 차량 산업)' 또는 'Prefa Sučany(콘크리트 조립식 공장)'도 마틴시 근처에 위치하고 있다. 경제 위기로 인해 실업률은 한때 10%로 상승했지만, 여전히 전국 평균 실업률보다 낮다. 많은 주민이 중요한 산업 중심지이자 주도인 Žilina("질리나")로 출퇴근한다.

주요 관심장소

Museum of a Slovak Village (Skanzen Martin)

위치/주소: Jahodnicke Haje, Martin 036 01, Slovakia

웹사이트: http://www.skanzenmartin.sk/

Slovakian National Museum (Slovenske Narodne Muzeum, Martin)

위치/주소: Mala Hora 2, Martin 036 01, Slovakia

웹사이트: http://www.snm.sk/

Turcianska Gallery (Turcianska Galeria)

위치/주소: Daxnerova 2, Martin 036 01, Slovakia

웹사이트: http://www.turiecgallery.sk/en/home/

National Cemetery (Národný cintorín)

위치/주소: Sklabinska, Martin, Slovakia

Strecno Castle(Hrad Strečno)

위치/주소: Hradna 1, Strecno 013 24, Slovakia

야생 장미의

Ružomberok(루좀베록/"루좀베로크")

지 역	Žilina
지 구	Ružomberok
해발 고도	494m(1,621ft)
인 구	29,906명(2006년 12월 31일)
우편 번호	034 01
전화 번호	+ 421-44
자동차 번호판	RK
웹사이트:	http://www.ruzomberok.eu/en/

Ružomberok(루좀베록, "루좀베로크" 발음에 가까움. 독일어: Rosenberg, 헝가리어: Rózshehegy, 폴란드어: Ružomberk)는 슬로바키아 북부에 있는 Liptov("립또우") 지역의 역사적인 마을이다. 인구는 약 3만여 명이다.

어 원

오늘날의 Makovický("마꼬비츠끼") 거리에 있는 초기 정착지의 이름은 Revúca(Revúca 강에서 파생된 '으르렁거리다')였다. 이 지역에서 독일 식민지 개척자들은 이 지역에서 자란 야생 장미를 따서 명명한 새로운 정착지인 로젠버그(Rosenberg)를 건설했다. 이 이름은 향후 슬로바키아인들에 의해 Ružomberok으로 채택되었다.

경 제

루좀베로크는 산업 마을로서 20세기에 유명했다. 산업 발전으로 인한 오염은 이 마을이 직면한 가장 큰 과제 중 하나였다. 루좀베로크는 슬로바키아에서 가장 큰 면화 공장을 가지고 있었다. (BZVIL, Texicom 업체) Texicom은 2006년에 파산했다. 가장 큰 슬로바키아 수출 기업 중 하나인 'Mondi SCP(이전에는 SCP- 'Severoslovenske celulozky a papierne'로 알려짐.)'가 위치해 있다. Mondi SCP는 종이 및 펄프 공장이며 루좀베로크 지구와 Liptov("립또우") 지역에서 가장 큰 고용주이다. 이 마을 남쪽에는 벽돌 공장이 있다.

볼거리들 및 문화

마을의 중심부는 Andrej Hlinka 광장(Námestie Andreja Hlinku, "나메스찌에 안드레야 흘린꾸")에 있다. 광장 안이나 그 주변 명소로는 1318년에 처음 언급된 고딕 양식의 성 앤드류 로마 가톨릭 교회(Kostol sv. Ondreja)가 있다. 그러나 지금은 르네상스 시대의 바로크 스타일로 개조되어 있다. 다른 명소로는 1895년 신 바로크 스타일로 지워진 마을 사무소와 성 십자가의 교회와 수도원(Kostol povýšenia Svätého kríža, 각각 1806년과 1730년에 건축됨.)이 있다.

마을의 문화 기관에는 1912년에 설립된 Liptov 박물관(Liptovské múzeum v Ružomberku) 있으며 마을 외곽에도 전시장이 있다. 이 박물관은 Likavka("리까우까") 마을의 바깥에 있는 Likavka 성과 Pribylina("쁘리빌리나")에 있는 Liptov("립또우") 박물관을 포함한다.

Ľudovít Fulla("루도빗 풀라") Gallery는 슬로바키아 국립 미술관(Slovenská národná galéria)의 한 지점으로 Fulla("풀러")의 작품에 전념하고 있다. 이 갤러리는 또한 'Hudba u Fullu(Fulla에서의 음악)'라고 하는 정기적인 콘서트 장소이기도 하다. 2017년 11월 2일부터 4일까지 Ľudovít Fulla Gallery는 국제 사운드 아트 및 멀티미디어 축제인 'Sound Art vs. Multimedia'를 개최했다.

주변 명소로는 Čebrať("체브라쯔", 1,054m) 산, 1993년 유네스코 세계문화유산 목록에 등재된 Vlkolínec("블꼬리녜츠") 마을, 그리고 Malinô Brdo(Malinné, "말린녜"라고도 함.)의 스키 지역 등이 있다.

유명인사

Ľudovít Fulla: 화가, 그림 작가, 무대 디자이너, 미술 교사

Andrej Hlinka: 정치가, 선교사

Peter Lorre(László Löwenstein): 할리우드 연기자

주요 관심장소

Vlkolinec

위치/주소: Vlkolinec, Ruzomberok 034 03, Slovakia
웹사이트: http://www.vlkolinec.sk/

Obrovo

위치/주소: Cremosna, Ruzomberok 034 01, Slovakia
웹사이트: http://obrovo.sk/

Malino Brdo Ski & Bike Park+Rock Machine Bikepark

위치/주소: Hrabovska Cesta 1679/31, Ruzomberok 034 01, Slovakia
웹사이트: http://www.skipark.sk/
http://leto.skipark.sk/pl/Bikepark/Bikepark

Liptovske museum (Liptovske muzeum)

위치/주소: Square with. N. Hyrosa 10, Ruzomberok, Slovakia
웹사이트: http://liptovskemuzeum.sk/

Giant`s clothesline - ZipLine Ruzomberok

위치/주소: Cremosna, 03406 Ružomberok
웹사이트: https://www.liptovactive.sk/inpage/zipline-ruzomberok/

Drevená zvonica vo Vlkolínci

위치/주소: 034 03 Ružomberok – Vlkolínec
웹사이트: http://visit.ruzomberok.sk/nav/kam-ist/historicke-pamiatky/drevena-zvonica-vo-vlkolinci

Church of the Visitation in Vlkolinec(Kostol Navštívenia Panny Márie vo Vlkolínci)

위치/주소: 034 03 Ružomberok - Vlkolínec

웹사이트: http://visit.ruzomberok.sk/nav/kam-ist/historicke-pamiatky/kostol-navstivenia-panny-marie-vo-vlkolinci

House of Braunov(Braunov dom)

위치/주소: Namestie Andreja Hlinku, Zilina, Slovakia

웹사이트: http://www.tikzilina.eu/braunov-dom/

Thermal park Besenova/Gino Paradise Aqua Park

위치/주소: Beshenova 136, Besenova 034 83, Slovakia

웹사이트: https://www.besenova.com/

Memorial place of Tragedy in Cernova (Pamätné miesto černovskej tragédie)

위치/주소: A. Hlinku, Ruzomberok, Slovakia

웹사이트: http://visit.ruzomberok.sk/nav/kam-ist/historicke-pamiatky/pamatne-miesto-cernovskej-tragedie

구리 광산 도시

Banská Bystrica(반스카 비스트리차/"반스까 비스뜨리차")

고 도	362m(1,188ft)
인 구	76,641명(2017년 12월 31일)
우편 번호	97401
지역 번호	+ 421-48
자동차 번호판	BB
웹사이트:	eng.banskabystrica.sk

Banská Bystrica(반스카 비스트리차, "반스까 비스뜨리차" 발음에 가까움.) 슬로바키아 중앙의 Hron("흐론") 강에 위치한 도시로, Low Tatras(Nízke Tatry, "니즈께 따뜨리") 산맥, Veľká Fatra("벨까 파뜨라") 및 Kremnica("크렘니차") 산맥으로 둘러싸인 길고 넓은 계곡에 위치하고 있다. 반스카 비스트리차에는 7만여 명의 주민이 살고 있고, 슬로바키아에서 여섯 번째로 인구가 많은 시정촌이다. 독일 이주민이 살기도 했다.

어 원

슬로바키아어 이름 Banská Bystrica("반스까 비스뜨리차" 발음에 가까움.)는 2개의 어근을 포함한다. 형용사 Banská("반스까"는 슬로바키아어 baňa,"바냐", 광산을 의미함.)으로부터, 그리고 지방 강 Bystrica의 이름(슬라브어 bystrica-"빨리 흐르는 시내")으로부터 Bystrica("비스뜨리차")가 유래되었다. Banská Bystrica("반스까 비스뜨리차")는 1920년에 도시의 공식 이름이 되었다.

역 사

반스가 비스드리차의 초기 역사는 풍부한 구리 매상량(금, 은, 철은 소량)의 탐구와 관련이 있다. Špania Dolina("쉬빠니아 돌리나")라고 불리는 지역의 선사 시대 광부들이 사용했던 광산 도구는 기원전 2000년에서 1700년 사이에 사용되었다. Lusatian(루사티안: 청동기 후기, 철기 초기 시대에 현재의 폴란드와 주변 지역을 지배했던 문화) 문화의 사람들은 Špania Dolina("쉬빠니아 돌리나"), Horné Pršany("호르네 쁘르샤니"), Malachov("말라호우") 및 Sásová("사소바")에서 정착촌을 세웠다. 고대 언덕 요새의 위치는 "작은 요새(나중에 '성'에 해당)"를 의미하는 현지 지명 Hrádok("흐라독", Hrad는 성을 의미함.)에서 알 수 있다. 기원전 3세기에 이 지역에는 Cotini(코티니: 로마 시대에 체코, 폴란드, 슬로바키아의 산 지역에서 살았던 부족)의 켈트 부족이 거주했다. Quadi(콰디: 로마 시대에 모라비아 왕국 주변에 살았던 부족)의 게르만 족은 로마 시대에 이 도시를 점령하기도 했다. Netopierska jaskyňa("네또피에르스까 야스끼냐", 박쥐동굴)은 이 당시의 은(Silver) 유물을 보관하고 있다.

관 광

역사적인 기념물의 대부분은 SNP 광장(Námestie SNP) 근처에 집중되어 여름에는 꽃과 거리 카페로 가득하다. 광장 이름은 '슬로바키아 전국 봉기(SNP: Slovenské národné povstanie, "슬로벤스께 나로드네 뽀우스따니에")'의 이름을 딴 것이다. 그곳엔 1552년에 만들어진 시계탑이 있다. 유명한 피사(Pisa)의 사탑에 비해 덜 알려져 있지만, 이 시계탑도 수직으로부터 40cm 떨어진 상태로 기울어져 있다. 18세기에 치명적인 전염병이 종료되어 성모 마리아에 대한 감사의 의미로 전염병 기념비(Morový stĺp, "모로비 스뜰르프")가 광장에 세워졌다. 이 기념비는 1964년 소련 지도자 니키타 흐루시초프(Nikita Khrushchev)가 방문하기 전에 일시적으로 제거되었다. 성 프란시스 자비에르 대성당(Kapitulský kostol, "까삐툴스끼 꼬스똘")은 로마에 있는 제수 예수회 성당(Jesuit Church of the Gesu)의 사본이며, 1776년 이래로 로마 가톨릭 교구가 자리잡고 있다. 광장의 다른 주요 기념물로는 20세기 초 아르누보(Art Nouveau) 형식의 분수대와 1945년 도시 해방 시 사망한 소련 병사들의 영예를 기리기 위한 검은 오벨리스크(방첨탑)가 있다.

광장을 둘러싸고 있고 가까운 거리에 있는 건물 대부분은 고딕 양식, 르네상스 양식과 바로크 양식으로 잘 보존된 귀족들의 저택 및 부유 시민의 거주지들이다. 지금은 중심지의 대부분 건물들이 고급 상점, 레스토랑, 카페로 변모했다. SNP 광장 자체는 1994년에 완전히 재건설 되었다.

슬로바키아 국립 봉기 기념관에 위치한 박물관에는 제2차 세계 대전 당시의 전차 탱크, 포병, 항공기 및 장갑차 등 대규모 군용 컬렉션이 전시되어 있다.

이 도시에는 도심 전역에 하이킹 코스가 표시되어 있는 대형 네트워크가 있다. 겨울에는 크로스 컨트리 스키와 활강 스키인들을 유혹한다. 개썰매 경주로 유명한 도노발리(Donovaly) 리소트를 비롯하여 다수 스키 리조트가 근처에 있다.

도시 성곽

이 도시의 가장 오래된 곳은 SNP 광장 가장자리의 도시 성이다. 도시 성은 도시의 행정 중심지 역할을 했고 왕의 보물들을 보호했다. 로마네스크와 고딕 스타일로 세워진 성모 마리아의 교구 교회(Farský kostol, "파르스끼 꼬스똘")는 귀중한 고딕 제단 및 조각품을 포함하고 있다. 그 교회는 13세기에 세워졌고, 여전히 고대 묘지의 잔재물들로 둘러싸여 있다. 이웃의 십자 교회는 1452년 슬로바키아 주민들에 의해 성모 마리아의 교회에 대한 대응으로 지어졌다. Matthias House(Matejov dom, "마떼요우 돔")는 1479년에 고딕 양식의 입구와 석조 발코니가 있는 5층 고딕 양식의 구조로 지어졌다. 그것은 Matthias Corvinus("마띠아스 코르비누스") 왕과 그의 여왕 Consort Beatrix("콘소르트 보트릭스")의 임시 거주지로 사용되었다. 1500년에 건축된 르네상스 구 시청은 미술 박물관으로 바뀌었다.

문 화

반스카 비스트리차에는 4개의 극장이 있다. 주립 오페라 극장(Štátna opera v Banskej Bystrici, "슈따뜨나 오뻬라")은 1959년에 설립되었다. 이 극장은 Edita Gruberová("에디따 그루베로바")와 같은 유명한 디바를 배출하였다. 매년 여름, 주립 오페라 극단은 Zvolen("즈볼렌") 성에서 명성 있는 야외 축제를 개최한다. Štúdio tanca("슈뚜디오 딴차")는 1998년에 설립된 전문적인 현대 무용 극장이다. 1960년에 설립된 전문 마리오네트 극장인 Bábkové divadlo na Rázcestí("바브꼬베 지바들로 나 라즈체스찌")는 슬로바키아에서 유일하게 마리오네트 축제를 조직한다. Theatre from the Passage(Divadlo z Pasáže, "지바들로 즈 빠싸제")는 정신 장애 출연자가 나오는 슬로바키아 유일의 극장으로 사회의 정신 장애인들을 통합하는 것을 목표로 하고 있다.

도시에서 가장 오래된 박물관은 1889년에 설립된 중앙 슬로바키아 박물관(Stredoslovenské museum, "스뜨레도슬로벤스께 무제움")이다. 천연기념물 박람회는 Radvaň("라드반")의 Tihányi("찌하니") 저택에 있는 반면, 역사적인 박람회는 SNP 광장의 Thurzo House("뚜르조 하우스")에 있다. 도성의 구시가지 시청 건물에는 현대 슬로바키아 미술을 전문으로 하는 주립 갤러리(Štátna Galéria, "슈따뜨나 갈레리아")가 있다. 슬로바키아 민족 해방 박물관(Múzeum Slovenského národného povstania, "무제움 슬로벤스께호 나로드네호 뽀우스따니아")은 제2차 세계 대전의 중무기를 포함하여 203,000개의 군대 물품을 야외 전시하고 있다. 다른 주목할 만한 박물관은 지역 문학 및 음악 박물관(Literárne a hudobné museum. "리떼라르네 아 후도브네 무제움")과 슬로바키아의 유일한 우편 박물관(Poštové múzeum Slovenskej pošty, "뽀슈또베 무제움 슬로벤스께이 뽀슈띠")이 있다.

이 도시는 1895년에 출판된 칼만 믹사트(Kálmán Mikszáth)의 『성 베드로 우산(St Peter 's Umbrella)』 책의 배경이다. 이 책은 당시 헝가리어 작품이 크게 증가할 당시의 책으로, 독일계 합스부르크 왕국의 억압으로부터 반하는 헝가리 분리주의의 성장 경향을 알 수 있다.

1959년 2월 22일부터 28일까지 이 도시에서 체코 슬로바키아 영화제의 첫 번째 축제가 개최되었다.

성인을 위한 4개의 민속 앙상블과 어린이를 위한 3개의 앙상블이 있다. 그들의 목표는 슬로바키아 민속 전통, 특히 전통 음악을 보존하고 발표하는 것이다. 가장 오래된 것은 1957년에 설립된 수상 경력에 빛나는 Urpín Folklore Ensemble("우르삔" 민속 앙상블)이다. Mladosť Folklore Ensemble("믈라도스쯔" 민속 앙상블)은 Matej Bel("마떼이 벨") 대학과 제휴하고 있다.

주요 관심장소

Slovak National Uprising Square(Námestie SNP)

위치/주소: Námestie SNP 22, 974 01 Banská Bystrica

Museum of the Slovak National Uprising(Muzeum SNP)

위치/주소: Kapitulska 23, Banska Bystrica 974 01, Slovakia

웹사이트: http://www.muzeumsnp.sk/

The Town Castle Area (Hradny komplex)

위치/주소: Namestie S. Moyezesa, Banska Bystrica, Slovakia

웹사이트: http://www.bbb.sk/en/castle.htm

Church of the Assumption of the Blessed Virgin Mary(Kostol Nanebovzatia Panny Márie)

위치/주소: Namestie Stefana Moyesa, Banska Bystrica, Slovakia
웹사이트: bbmesto.fara.sk

Marian Pillar (Mariansky stlp)

위치/주소: Namestie SNP, Banska Bystrica 97401, Slovakia

Matej's House (Matejov dom)

위치/주소: Nam. SH. Moysesa 20, Banska Bystrica 974 01, Slovakia

Europa SC(Shopping Center)

위치/주소: Na Troskach 25, Banska Bystrica 974 04, Slovakia
웹사이트: https://www.europasc.sk/

The Stone Fountain(KAMENNÁ FONTÁNA)

위치/주소: Namestie SNP, Banska Bystrica, Slovakia
웹사이트: http://www.visitbanskabystrica.sk/clanok/280/stone-fountain

Church of St. Elizabeth(Kostol sv. Alžbety)

위치/주소: 9. Maja 74 | Dom svatej Alzbety, Banska Bystrica 974 01, Slovakia

The black obelisk

위치/주소: Namestie SNP, Banska Bystrica, Slovakia
웹사이트: http://www.visitbanskabystrica.sk/clanok/271/the-black-obelisk

Middle Slovakia Gallery (Stredoslovenska Galeria)

위치/주소: Dolna 8, Banska Bystrica 974 01, Slovakia

웹사이트: https://www.ssgbb.sk/

Sculpture of S. Moyzes and K. Kuzmany (Susosie S. Moyzesa a K. Kuzmanyho v Banskej Bystrici)

위치/주소: Namestie Stefana Moyzesa, Banska Bystrica, Slovakia

웹사이트: http://www.vypadni.sk/sk/susosie-s-moyzesa-a-k-kuzmanyho-v-banskej-bystrici

The Town Hall (Radnica)

위치/주소: Namestie SNP 1, Banska Bystrica 974 01, Slovakia

웹사이트: http://www.visitbanskabystrica.sk/clanok/275/the-town-hall

St. Francis Xavier's Cathedral (Katedrala sv. Frantiska Xaverskeho)

위치/주소: Namestie SNP 27, Banska Bystrica, Slovakia

웹사이트: http://www.vypadni.sk/sk/katedrala-sv-frantiska-xaverskeho-banska-bystrica

Ebner house(Ebnerov dom)

위치/주소: Namestie SNP 22, Banska Bystrica, Slovakia

웹사이트: http://www.vypadni.sk/sk/ebnerov-dom-v-banskej-bystrici

Butcher's Bastion (Masiarska Basta)

위치/주소: Kapitulska 23, Banska Bystrica 974 01, Slovakia

웹사이트: http://www.visitbanskabystrica.sk/clanok/289/butcher-s-bastion

The Thurzo's House (Thurzov dom)

위치/주소: Namestie SNP 4, Banska Bystrica 974 01, Slovakia

웹사이트: http://ssmuzeum.sk/

Wolf Lunch(Vlčí obed)

위치/주소: Namestie SNP 23, Banska Bystrica, Slovakia

웹사이트: http://www.vypadni.sk/sk/budova-banskobystrickeho-kraja-vlci-obed

Benickeho house(Benického dom)

위치/주소: Namestie SNP 16, Banska Bystrica, Slovakia

웹사이트: http://www.vypadni.sk/sk/benickeho-dom-v-banskej-bystrici

House of The Savings Bank of Banska Bystrica (Dom Banskobystrickej mestskej sporiteľne)

위치/주소: Horna 25, Banska Bystrica, Slovakia

Old Renaissance house (Renesancny dom)

위치/주소: Dolna 28, Banska Bystrica, Slovakia

The former town hall Praetorium(Bývalá radnica Pretórium)

위치/주소: Namestie Stefana Moyzesa 25, Banska Bystrica, Slovakia

Pribicerov house(Pribicerov dom)

위치/주소: Namestie SNP 11, Banska Bystrica, Slovakia

웹사이트: http://www.pamiatkynaslovensku.sk/banska-bystrica-pribicerov-dom

Kammerhof(광부 공동체 사회에 포함되었던 빌딩)

위치/주소: Namestie SNP 8, Banska Bystrica, Slovakia

웹사이트: http://www.vypadni.sk/sk/kammerhof-v-banskej-bystrici

은이 풍부한

Banská Štiavnica: 유네스코 문화유산
(반스카 스티아브니카/"반스까 슈씨아브니사")

지 역	Banská Bystrica
지 구	Banská Štiavnica
해발 고도	600m(1,969ft)
인 구	10,662명(2006년 12월 31일)
우편 번호	969 01
지역 번호	+ 421-45
자동차 번호판	BS
웹사이트:	www.banskastiavnica.sk

유네스코 세계 문화유산

Banská Štiavnica의 역사적인 마을 이름 및 그 주변에 있는 기술 기념물

1993년(# 17)

번 호	618
지 역	유럽 및 북미
기 준	iv, v
IUCN	카테고리 문화

Banská Štiavnica(반스카 스티아브니카, "반스까 슈찌아브니차" 발음에 가까움. 독일어: Schemnitz, 헝가리어: Selmecbánya)는 슬로바키아 중부의 한 마을로, 고대 화산의 붕괴로 생성된 칼데라 지역의 가운데에 위치하고 있다. 칼데라는 Štiavnica 산(Štiavnické vrchy, "슈찌아브니츠께 브르히")으로 알려져 있다. 이 마을에는 1만 명이 넘는 인구가 살고 있고, 보존이 잘된 중세 마을이다. 그들의 역사적 가치 때문에 유네스코는 1993년 12월 11일에 이 마을을 세계 문화유산으로 지정하였다.

역 사

Banská Štiavnica("반스까 슈찌아브니차")의 운명은 풍부한 자원 '은' 광석의 개발과 밀접하게 관련되어 있다. 발굴 자료에 따르면 이 지역은 신석기 시대에 인류가 정착했다. 최초의 광업 정착지는 켈트족에 의해 BC 3세기에 세워졌다. 로마 저자들은 마르코만니 전쟁(Marcomannic Wars) 기간에 Pannonia("파노니아")로 추방될 때까지 현재의 슬로바키아 중부에 살았던 Cotini(코티니: 체코, 폴란드, 슬로바키아 지역의 산 주위에 살았던 켈트족)의 광업

활동에 대해 언급했다. 이 지역은 슬라브인들에 의해 정착되기도 했으며 슬라브 형태의 요새화된 정착지는 10세기와 11세기에 이곳에 생겼다. 이 지역은 1156년에 일찍 "Terra banensium(광부의 땅)"이라 불렸다. 현지 수민들은 계곡의 정착지에 "Štiavnica(산성 물줄기)"라는 이름을 붙였으며, 언덕(Ligotavá hora, "빛나는 산"을 의미)은 "Bana(광산)"라고 불리게 되었다.

또한, 이 마을은 광산 업계의 선도 혁신 중심지였다. 1627년 광산에 화약이 사용된 최초 도시 중 하나였다. 범람한 광산에서 물을 빼내기 위해 18세기에 지역 과학자인 Jozef Karol Hell, Maximilian Hell 및 Samuel Mikovini가 Tajchy("따이히")로 일려진 징교한 저수지 및 수로 시스템을 설계 및 건설했다. Tajchy("따이히")는 광산이 폐쇄되는 것을 막았을 뿐만 아니라 초기 산업화를 위한 에너지를 제공했다.

1782년에, 이 마을은 Pozsony(오늘날의 Bratislava)와 Debrecen(헝가리 동부 도시) 다음으로 헝가리 왕국에 있는 세 번째로 큰 도시였다(23,192~40,000명의 교외 거주자 포함). 그러나 이 마을의 퇴보는 19세기 후반 이후 점진적으로 감소해온 광산 활동과 밀접하게 연관되어 있다. 요즘 이 마을은 레크리에이션 및 관광의 중요한 중심지 중 한 마을로, 물려받은 풍부한 역사적 유산을 활용하고 있다.

볼거리들

마을의 심장부는 역사적인 트리니티 광장(Trojičné námestie, "토리이츄네 나메스찌에")의 전염병 기념비가 눈에 띈다. 광장은 빈번한 문화 행사에 사용되며 광물학 박물관도 있다. 소위 '낡은 성(Stary zámok, "스따리 자목")'과 '새로운 성(Nový zámok, "노비 자목")'이라는 두 성은 박물관으로 변형되었다.

야외 박물관은 17세기에 지어진 광산 내부로 1.5km의 지하 여행을 할 수 있다. 헬멧, 외투 및 전등을 받고, 영어, 독일어 또는 헝가리어 말하기 안내서로 설명된다. 대중에게 공개된 또 다른 고대 광산(Glanzenberg)은 더 오래된 역사를 가진다. 이 마을의 중심부 바로 아래에 위치한 이 광산은 황제 조셉 2세부터 모나코의 알버트 왕까지 수많은 유명 관광객을 끌어들였다.

이 도시는 Tajchy("따이히")라고 불리는 고대 인공 채광 저수지에 둘러싸여 있다. 호황을 누리고 있는 광산업에 에너지를 공급하기 위해 15세기에서 18세기에 60개의 저수지가 건설되었다. 그들은 100km 이상의 긴 채널 네트워크로 연결되어 있다. 이 비범한 역사적 저수지들은 현재는 레크리에이션 목적으로 주로 사용된다.

Kalvária Banská Štiavnica("카발리아 반스까 슈찌아브니차")에는 18세기에 예수회에 의해 지어졌던 Ostry vrch("오스뜨리 브르흐") 근처에 위치한 교회와 예배당의 복합체가 있다.

주요 관심장소

Kalvaria (Calvary of Banska Stiavnica)

위치/주소: Pod Kalvariou, Banska Stiavnica 969 01, Slovakia

Old Castle Banska Stiavnica(Starý zámok)

위치/주소: Starozamocka 12, Banska Stiavnica 969 01, Slovakia

웹사이트: https://www.muzeumbs.sk/sk/stary-zamok

Manor House in Svaty Anton(Kaštieľ vo Svätom Antone)

위치/주소: Svaety Anton 291, Svaty Anton, Banska Stiavnica 969 72, Slovakia

웹사이트: http://www.msa.sk/

Banskostiavnicky Betlehem(Banskoštiavnický betlehem)

위치/주소: Radnichne nam. 11, Banska Stiavnica 969 01, Slovakia

웹사이트: https://www.betlehem.sk/

Open-Air Mining Museum(SMM, Banské múzeum v prírode)

위치/주소: Jozefa Karola Hella 12, Banska Stiavnica 969 01, Slovakia

웹사이트: https://www.muzeumbs.sk/sk/banske-muzeum-v-prirode

The Holy Trinity Square(Námestie svätej Trojice)

위치/주소: Nam. Sv. Trojice 3, Banska Stiavnica, Slovakia

New Castle(Nový zámok)

위치/주소: Novozamocka 22, Banska Stiavnica 969 01, Slovakia

웹사이트: https://www.muzeumbs.sk/sk/novy-zamok

Banska Stiavnica Botanical Garden(Botanická záhrada Banská Štiavnica)

위치/주소: Akademicka ulica, Banska Stiavnica 969 01, Slovakia

Epicentrum of Love in the House of Marina

위치/주소: Radnicne namestie 18, Banska Stiavnica 96901, Slovakia
웹사이트: http://www.epicentrumoflove.com/

Tajch Klinger(Dams)

위치/주소: Banska Stiavnica 96901, Slovakia

The St. Catherine Church(Kostol sv. Kataríny)

위치/주소: Nam. sv. Trojice 3, Banska Stiavnica 969 01, Slovakia

Church of Ascenssion of the Virgin(Kostol Nanebovzatia Panny Márie)

위치/주소: Akademicka, Banska Stiavnica, Slovakia

Trojan pillar(Súsošie svätej Trojice)

위치/주소: Namestie svatej Trojice, Banska Stiavnica, Slovakia

Piargska Gate(Piargska brána)

위치/주소: Jozefa Karola Hella 405/3, 969 01 Banská Štiavnica

Kammerhof - Mining in Slovakia Exposition

위치/주소: Kammerhofska 2, Banska Stiavnica 969 01, Slovakia

Protestant Church(Evangelic church/Evanjelický kostol)

위치/주소: Radnichne nam. 12, Banska Stiavnica 969 01, Slovakia
웹사이트: http://www.banskastiavnica.travel/en/what-to-see/places-monuments/evangelical-church/

Schemnitz Gallery (Galeria)

위치/주소: Andreja Sladkovicha 2, Banska Stiavnica 969 01, Slovakia

웹사이트: https://www.schemnitz.sk/

Ruzova street(Pink street)

위치/주소: Ruzova, Banska Stiavnica, Slovakia

Synagogue in the Old City(Synagóga)

위치/주소: Novozámocká 132/2, 969 01 Banská Štiavnica

Renaissance house(Metropol)

위치/주소: Radnicne namestie 9, Banska Stiavnica, Slovakia

Klopacka Tower (Veža)

위치/주소: A. Sladkovica 7, Banska Stiavnica, Slovakia

Fritz house (Fritzov dom)

위치/주소: Radnicne namestie 16, Banska Stiavnica, Slovakia

자작나무 마을

Brezno("브레즈노")

지 역	Banská Bystrica
지 구	Brezno
해발 고도	498m(1,634ft)
인 구	21,534명(2013년 12월 31일)

우편 번호	97701
지역 번호	+ 421-48
자동차 번호판	BR
웹사이트:	www.brezno.sk

Brezno(Brezno nad Hronom, "브레즈노 나드 흐로놈" 발음에 가까움. 독일어: Bries 또는 Briesen, 헝가리어: Breznóbánya)는 슬로바키아 중부의 한 마을로 인구는 21,534명(2013년도)이다.

역 사

선사 시대부터 이곳에 거주했지만, 현재의 마을은 오래된 슬로바키아 정착촌에서 생겨났으며, 새로이 도착한 독일 광부가 13세기 초반에 전형적인 광장 시장을 세웠다. 이 마을의 존재에 대한 최초의 기록은 1265년 벨라 4세(Béla IV)가 립토프(Liptov, "립또우") 지역 사냥꾼에게 베레주노(Berezuno)라고 하는 정착촌 주변 숲을 사용할 수 있는 허가서를 발급한 날짜이다. 이름은 자작 나무를 의미하는 슬로바키아어 단어 breza("브레자")에서 파생된다.

유명 인사

Ivan Bella: 우주 비행사

Ján Chalupka: 작가

Martin Rázus: 작가

Adriana Sklenaříková: 패션모델

주요 관심장소

Bystrianska Cave(Bystrianska jaskyňa)

위치/주소: Bystrianska jasky a, 977 01 Brezno

웹사이트: ssj.sk

Low Tatras National Park(Národný park Nízke Tatry)

위치/주소: Dolna Lehota-Banska Bystrica, Brezno, Slovakia

웹사이트: http://napant.sopsr.sk/

Ski Resort Tale

위치/주소: Tale 100 | Horna Lehota, Brezno 977 01, Slovakia

웹사이트: http://www.skitalc.sk/

Múzeum SNP – Pamätník Nemecká

위치/주소: Nemecka, Hronska 1/1, Brezno, Slovakia

웹사이트: http://www.vypadni.sk/sk/muzeum-snp-pamatnik-nemecka

Castle/ Hrad Somoska

위치/주소: Varoldal St, Siatorska Bukovinka 985 58, Slovakia

전투 마을

Lučenec(“루체녜츠”)

지 역	Banská Bystrica
지 구	Lučenec
해발 고도	190m(623ft)
인 구	28,508명(2011년 12월 31일)
우편 번호	98401
지역 번호	+ 421-47
자동차 번호판	LC
웹사이트:	http://www.lucenec.sk

Lučenec(루체넥, “루체녜츠” 발음에 가까움. 독일어: Lizenz, 헝가리어: Losonc, 이디시어: לאשאנץ, 라틴어: Lutetia Hungarorum)는 슬로바키아 중남부 Banská Bystrica(“반스까 비스뜨리차”) 지역의 마을이다.

역 사

1442년 이 마을은 John Jiskra of Brandýs(체코 전술가) 지휘하에 후스파 군대에 의해 정복당했고 1451년에는 John Hunyadi의 헝가리 군대와 Jiskra의 체코 군대 사이에 Lučenec(“루체녜츠”) 전투가 일어났고, 후자가 승리를 거뒀다.

이 마을은 1554년 Fiľakovo("필라코보") 성이 무너진 후 1593년에 오스트리아에 포획될 때까지 오스만과 그의 계승자들의 통제하에 있었다. 1596년 오스만 제국군에 의해 재점령되었고 1686년까지 유지되었다. 이 마을은 19세기 전반까지 여러 번 불에 탔다. 1848/1849의 혁명 기간에 러시아 제국 군대가 이 마을을 점령했다.

주요 관심장소

Synagogue Lucenec (Synagoga)

위치/주소: Adyho 69/7, Lucenec 98401, Slovakia
웹사이트: http://www.lukus.sk/

Polytarnoc Fossils Nature Reserve(Ipolytarnoci Ősmaradvanyok)

위치/주소: Ipolytarnoc 3138, Hungary
웹사이트: https://www.osmaradvanyok.hu/

북미까지 방송 가능한

Rimavská Sobota(**리마우스카 소보타/"리마우스까 쏘보따"**)

지역	Banská Bystrica
지구	Rimavská Sobota
해발 고도	208m(682ft)
인구	24,374명(2006년 12월 31일)

우편 번호	979 01
지역 번호	+ 421-47
자동차 번호판	RS
웹사이트:	http://www.rimavskasobota.sk

Rimavská Sobota(리마우스카 소보타, "리마우스까 쏘보따" 발음에 가까움. 헝가리어: Rimaszombat, 독일어: Großsteffelsdorf)는 슬로바키아 남부의 Banská Bystrica("반스까 비스뜨리차") 지역의 Rimava("리마바") 강에 있는 한 마을이다.

경 제

가장 중요한 수송선은 자치구 남부를 통과한다. 이 마을은 Banská Bystrica("반스까 비스뜨리차")에서 112km, Bratislava(브라티슬라바/"브라찌슬라바")에서 289km 떨어져 있다. 이 지역에는 전 체코 슬로바키아(현재 Radio Slovakia International, RSI) 단파 라디오 안테나 타워 시설이 있고, 250Kw 송신기를 사용하여 북미 지역에 다다를 정도의 전파가 가능하다. 역의 탑과 돛대 및 안테나 기둥의 높이는 171미터이다.

Gemer-Malohont Museum in Rimavská(Gemersko-malohontské Múzeum V Rimavskej Sobote)

위치/주소: Nám. M. Tompu 14/24, 979 01 Rimavská Sobota
웹사이트: gmmuzeum.sk

결혼식 휴양지

Zvolen("즈볼렌")

지 구	Zvolen
고 도	293m(961ft)
인 구	43,006명(2006년 12월 31일)
우편 번호	960 01
지역 번호	+ 421-45
자동차 번호판	ZV
웹사이트:	www.zvolen.net

Zvolen("즈볼렌" 발음에 가까움. 헝가리어: Zólyom, 독일어: Altsohl)는 Banská Bystrica("반스까 비스뜨리차")에 인접하였고, Hron("흐론")강과 Slatina("슬라찌나") 강의 합류점에 위치한 슬로바키아 중심부의 마을이다. 이 마을은 Zvolen 지구의 중심지다.

어 원

마을 이름 Zvolen은 슬라브어로 "선택된 하나, 훌륭하고, 우수한"을 의미한다.

역 사

원래 성 아래 지어진 이 마을은 부다(Buda)에서 크라코프(Kraków)까지(Magna 마을을 경유) 이어지는 중요한 무역로 상에 위치해 있다. 이 마을은 헝가리 왕국의 지정된 첫 번째 마을들 중 하나로 1230년에 벨라 4세(Béla IV) 왕으로부터 마을 특권을 부여받았다. 나중에, 루이(Louis) 1세 대왕은 헝가리 왕들의 유명한 사냥 휴양지가 되어버린 새로운 성을 지었다. 헝가리의 메리(Mary) 여왕과 지기스문트(Sigismund) 황제는 1385년에 이 마을에서 그들의 결혼식을 축하했다.

Rákóczi("라꼬지") 독립 전쟁 중에 Kuruc("쿠르츠") 군대는 Zvolen("즈볼렌") 전투에서 오스트리아, 덴마크, Vojvodina(세르비아 자치구) 및 헝가리로부터 온 적군들을 물리쳤다.

1848~1849년에, Ľudovít Štúr("루도빗 쉬뚜르")는 이 마을의 국회의원이었다. 1871~1872년에 두 개의 새로운 철도가 건설되었으며 이 마을은 중요한 철도 허브이자 중요한 산업 중심지가 되었다. 또한, 이 마을은 슬로바키아 민족 봉기 기간에 중요한 역할을 했다. 현지 철도 제조소에서 제작된 두 대의 장갑차인 Hurban("후르반")과 Štefánik("슈쩨파니크")는 즈볼렌 성 근처에서 볼 수 있다.

주요 관심장소

Zvolen Castle(Zvolenský zámok)

위치/주소: Namestie Slovenskeho narodneho povstania, Zvolen 960

01, Slovakia

웹사이트: https://www.sng.sk/zvolen

Pusty Hrad(Deserted Castle)

위치/주소: On a Forested Top of Hill South of Zvolen, Zvolen 960 01, Slovakia

웹사이트: http://www.pustyhrad.com/

Church of Saint Elizabeth(Kostol sv. Alžbety vo Zvolene)

위치/주소: Namestie Slovenskeho Narodneho Povstania, Zvolen, Slovakia

웹사이트: http://www.slovakianguide.com/sk/kostol-sv-alzbety-vo-zvolene

Pamatnik SNP(Memorials SNP)

위치/주소: Namestie SNP, Zvolen, Slovakia

Pancierovy vlak - Armored train of Hurban

위치/주소: Tomasa Garrigue Masaryka, Zvolen, Slovakia

Castle of Ostrolucky(Kaštieľ Ostrolúckych)

위치/주소: 962 61 Ostrá Lúka

Devil's Rocks(Čertová Skala)

위치/주소: Boky, Budča

Forestry and Timber Museum(Lesnícke a drevárske múzeum)

위치/주소: Namestie SNP 23/35, Zvolen, Slovakia

웹사이트: http://www.ldmzvolen.sk/

A monument to fallen soldiers of the Soviet Army(Pomník padlým vojakom Sovietskej armády)

위치/주소: Námestie SNP 16/27, 960 01 Zvolen

Park of Ludovit Stur

위치/주소: Namestie SNP, Zvolen, Slovakia

Evangelical Church of the Holy Trinity(Evanjelický kostol Svätej Trojice)

위치/주소: Namestie SNP, Zvolen, Slovakia

웹사이트: ecavzvolen.sk

Castle of Good Niva(Hrad Dobrá Niva)

위치/주소: 962 61 Podzámčok

웹사이트: http://www.slovenskehrady.sk/hrad-dobra-niva

로마 제국의 비문이 생생한

Trenčín(트렌친/"뜨렌췬")

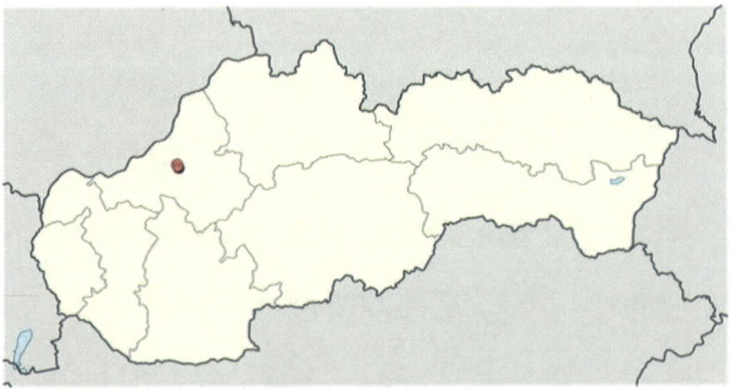

지 역	Trenčín
지 구	Trenčín
해발 고도	211m(692ft)
인 구	56,365명(2009년 1월 1일)
우편 번호	91101
지역 번호	+ 421-32
자동차 번호	TN, TC, TE
웹사이트:	www.trencin.sk

Trenčín(트렌친, "뜨렌췬" 발음에 가까움.)은 슬로바키아 서부, 체코 국경 근처의 바흐강(Váh) 계곡에 위치한 도시로 브라티슬라바에서 약 120km 떨어져 있다. 인구는 56,000명 이상으로 Trenčín(트렌친) 지방과 Trenčín(트렌친) 지구에 속하며, 슬로바키아에서 8번째로 큰 시정촌이다. 중세 성곽인 Trenčín(트렌친) 성이 도시 위의 바위산에 위치해 있다.

이름과 어원

트렌친은 기원전 150년경 프톨레미 세계지도(Ptolemy's world map)에 묘사된 그리스 이름 'Leukaristos(Λευκάριστος)'으로 처음 언급되었다. 로마 제국과 게르만 콰디(Quadi)족 간에 발생한 마르코마닉 전쟁이 진행되는 동안, 로마인들은 서기 179년 현재의 성 아래에 있는 바위에 비문을 새기고 그 장소를 로가리치오(Laugaricio)로 불렀다. 오랫동안 이 도시는 중부 유럽에 있는 로마인의 최북단 지역으로 여겨졌다.

트렌친 성 아래에는 로마의 비문이 있다: "Victoriae Augustorum exercitus, qui Laugaricione sedit, mil(ites) l(egiones) II DCCCLV.(Maximi)anus leg(atus leg)ionis II Ad(iutricis) cur(avit) f(aciendum)(855명의 아우구스투스 승리 군대의 군단 병사에 의해 완료되고, 루가리시오에 주둔 함. Maximus legatus of II 군단의 감독하에 완료됨)."

중세의 첫 번째 기록은 1111년도(Treinchen 이름으로)와 1113년도(형용사 Trenciniensis 이름으로)이다. 도시 이름은 사람 이름인 Trnka/Trenka(슬로바키아어/슬라브어로 "야생 자두나무"를 의미)에서 유래했고, 접미사 '-in'을 사용한 것으로 추정된다.

관광 및 볼거리들

도시는 슬로바키아에서 세 번째로 큰 성인 트렌친 성이 압도적이다. 트렌친 성은 광범위한 요새와 함께 상부와 하부로 나뉘어져 있다. 상단 성곽에는 도시의 가장 높은 지점으로 남아있는 중앙 중세탑을 둘러싸고 있는 여러 개의 궁전 건물이 있다. 성 아래 산허리에 오래된 교구 교회와 역사가 숨겨진 계단과 길들이 함께하는 작은 광장이 있다. 구시가지에는 바로크 양식의 대형 교회와 다양한 상점, 도시의 탑이 있는 커다란 메인 광장이 있다. 1913년에 세워진 트렌친 유대교 회당은 전시회와 콘서트가 열리는 문화 센터이다.

슬로바키아에서 가장 많은 방문객 수를 자랑하는 음악 축제인 Pohoda("뽀호다")는 1997년부터 트렌친에서 조직되었다. 현재는 트렌친 공항에서 개최된다.

스포츠

트렌친은 'Ottawa Senators' 포워드 Marián Gáborík, 'Boston Bruins' 수비자 Zdeno Chára 그리고 'Chicago Blackhawks' 포워드 Marián Hossa 등 'National Hockey League(NHL)'에서 뛰고 있는 여러 전문 아이스하키 선수들의 고향이다. 또한, 오랜 시간 현재 리버풀의 센터백으로 뛰고 있는 Martin Škrtel(마틴 스크르텔/"마르띤 슈끄르쩰")이 트렌친 출신이다.

주요 관심장소

Trencin Castle(Trenčiansky hrad)

위치/주소: Matusova 19, Trencin 912 50, Slovakia

웹사이트: http://www.muzeumtn.sk/trenciansky-hrad.html?page_id=297

Waterman(Vodnik)

위치/주소: Sturovo namestie, Trencin, Slovakia

City tower (Mestska veza)

위치/주소: Sladkovicova ulica, Trencin, Slovakia

Peace Square (Mieroe namestie)

위치/주소: Mierove namestie, Trencin, Slovakia

웹사이트: https://visit.trencin.sk/mierove-namestie/?

Executioner's house (Katov dom)

위치/주소: Matusova ul. 70, Trencin, Slovakia

웹사이트: https://visit.trencin.sk/katov-dom/

Stur's Square (Sturovo namestie)

위치/주소: Sturovo namestie, Trencin 911 01, Slovakia

Morovy stlp - Plague Pillar

위치/주소: Mierove namestie, Trencin, Slovakia

웹사이트: https://visit.trencin.sk/morovy-stlp/

Synagogue (synagoga)

위치/주소: Hviezdova St., Trencin, Slovakia

Roman Catholic Church of the Birth of Virgin Mary(Farský kostol Narodenia Panny Márie)

위치/주소: Matusova 2, Trencin, Slovakia

웹사이트: http://trencin.fara.sk/

OC Laugaricio(shopping mall)

위치/주소: Bela 7271, Trencin 911 01, Slovakia

웹사이트: http://www.laugaricio.com

Piarist Church of St. Francis Xavier(Kostol sv. Františka Xaverského)

위치/주소: Mierove namestie, Trencin, Slovakia

Lutheran's church (Evanjelicky kostol)

위치/주소: Vajanskeho, Trencin, Slovakia

웹사이트: http://www.ecav-trencin.eu

Karner sv. Michala

위치/주소: Marianske namestie, Trencin, Slovakia

웹사이트: http://www.muzeumtn.sk/expozicie/karner-sv.-michala.html?page_id=299

Roman inscription(Rímsky nápis na hradnej skale)

위치/주소: Mierove namestie, Trencin, Slovakia

웹사이트: https://visit.trencin.sk/rimsky-napis-na-hradnej-skale/

Notre Dame Church (Kostol Notre Dame)

위치/주소: 1. Maja 7, Trencin 911 01, Slovakia

Chapel of the St. Anna(Kaplnka sv. Anny)

위치/주소: Námestie sv. Anny 164, 911 01 Trenčín

웹사이트: http://trencin.fara.sk/?page_id=162

Velka Skalka Monastery (Klaštor Veľka Skalka)

위치/주소: Kláštor Veľká Skalka, 507, Trenčín

Local Council (Miestny urad)

위치/주소: Mierove namestie, Trencin, Slovakia

웹사이트: trencin.sk

Statue of St. John Nepomuk (Socha sv. Jána Nepomuckého)

위치/주소: Farscka ulice, Trencin, Slovakia

Gallery of Milos Alexander Bazovsky (Galeria Milosa Alexandra Bazovskeho)

위치/주소: Palackeho 27, Trencin 911 01, Slovakia

웹사이트: http://www.gmab.sk/

비버 강 위의

Bánovce nad Bebravou(“바노우체 나드 베브라보우”)

지 역	Trenčín
해발 고도	216m(709ft)
인 구	20,639명(2005년)
우편 번호	957 01
지역 번호	+ 421-38
자동차 번호판	BN
웹사이트:	Banovce.sk

Bánovce nad Bebravou("바노우체 나드 베브라보우" 발음에 가까움. 독일어: Banowitz, 헝가리어: Bán)는 슬로바키아의 Trenčín("트렌친") 지역에 있는 마을이다. Bánovská parenica("바노우스까 빠레니차", 지역에서 가장 유명한 자전거 경주)는 9월 6일 매년 정기적으로 개최되며 이 마을을 통과한다. 수준 높은 자전거 선수들이 경쟁한다.

이름

이름은 "Bán 사람들의 마을"이라는 뜻으로, Bán이라는 개인 이름이나 지위에서 파생되었다 한다. 'Nad Bebravou'는 "Bebrava 강 위에(비버 강 위)"를 의미한다.

주요 관심장소

Trinity Church(Kostol Najsvätejšej Trojice)

위치/주소: Nám. Ľ. Štúra 8/8, 957 01 Bánovce nad Bebravou

웹사이트: banovce.fara.sk

Church of St. Nicholas(Kostol svätého Mikuláša)

위치/주소: 957 01 Banovce

웹사이트: banovce.fara.sk

Evangelic church(Evanjelický kostol)

위치/주소: Janka Jesenského 71/4, 957 01 Bánovce nad Bebravou

650명이나, 무서운 드라큘라 귀족의

Nové Mesto nad Váhom(**"노베 메스또 나드 바홈"**)

지 역	Trenčín
지 구	Nové Mesto nád Váhom
해발 고도	195m(640ft)
인 구	20,705명(2005년)
우편 번호	915 01
지역 번호	+ 421-32
자동차 번호	NM
웹사이트:	www.nove-mesto.sk

Nové Mesto nad Váhom("노베 메스또 나드 바홈" 발음에 가까움. 독일어: Neustadt an der Waag, Neustadtl, Waag-Neustadtl, Waageustadtl, Waag-Neustadt, 헝가리어: Vágújhely, Vág-Újhely)는 Trenčín("트렌친") 지역에 있는 마을이다.

관심장소

Zelená voda("젤레나 보다") 호수: 수상 스포츠, 윈드 서핑, 낚시, 스포츠 센터, 캠핑장, 디스코 및 음악 축제 장소, 1km

Čachtice("챠흐찌체") 성: Elizabeth Báthory(엘리자베스 바토리, 650여 명의 젊은 여성을 살해한 헝가리 여성 귀족, 드라큘라/뱀파이어 소재가 되기도 함.)의 고향, 6 km

Beckovský hrad("베츠코우스끼 흐라드") 성: 5km 거리

Veľká Javorina("벨까 야보리나"): 체코, 슬로바키아 국경, 15km 거리

Kalnica("칼니차") 스키 리조트: 7km 거리

Ducové("두초베")- 대 모라비아 제국 정착지: 16km 거리

Haluzice("할루지체")의 로마네스크 교회: 12km 거리

유명인사

Peter Matejka: 화가, 미술가

Dominik Štubňa Zámostský: 소설가

Béli Vörös Ernest(Béli Vörös Ernő): 19세기 유명한 헝가리인 화가

주요 관심장소

Beckov castle(Hrad Beckov)

위치/주소: Beckov 180, Beckov 916 38, Slovakia

웹사이트: http://www.hrad-beckov.sk/

Cachtice Castle(Čachticky Hrad)

위치/주소: Cachtice, Slovakia

웹사이트: http://www.cachtice.sk/

The underground of Cachtice (Cachticke Podzemie)

위치/주소: Na Doline, Cachtice 916 21, Slovakia

게릴라 투쟁의

Partizánske(파티잔스케/"빠르띠잔스께")

지 역	Trenčín
지 구	Partizánske
해발 고도	195m(640ft)
면 적	22.375km2(9mile²)
인 구	24,340명(2006년 12월 31일)
우편 번호	958 01
지역 번호	+ 421-38
자동차 번호판	PE
웹사이트:	http://www.partizanske.sk

Partizánske(파티잔스케, "빠르띠잔스께" 발음에 가까움.)는 슬로바키아의 Trenčín("트렌친") 지역에 있는 마을이다. 이전에는 Baťovany("바또바니")라는 이름을 가지고 있었고, 헝가리어로는 'Simony'라 불린다. 마을 이름 Partizánske는 "partisan: 게릴라, 빨치산" 정도의 의미를 한다.

역 사

Partizánske("빠르띠잔스께")는 상대적으로 젊은 마을이다. 슬로바키아 전국 봉기 기간 투쟁했던 지역 주민의 표창으로 1949년 2월 9일에 Partizánske("빠르띠잔스께")로 이름이 바뀌었다. 이 공장은 공산주의자들에 의해 Závody("자보디")라는 이름으로 개명되기도 했다. 3천만 쌍의 신발을 생산했고 약 1만 명의 직원을 고용했다. 그러나 1990년대 민영화가 실패한 이후 지금은 일부만 남아 있다.

주요 관심장소

Church of the Sacred Heart of Jesus(Kostol Božského Srdca Ježišovho)

위치/주소: Námestie SNP 1475, 958 01 Partizánske

웹사이트: partizanske.fara.sk

Uhrovec Castle(Hrad Uhrovec)

위치/주소: | Strážovské vrchy, Uhrovske Podhradie, Slovakia

웹사이트: http://www.uhrovec.sk/hrad-uhrovec.html

Thermal Spa Male Bielice(Termály Malé Bielice)

위치/주소: KupeLna 103, Partizanske 958 04, Slovakia

웹사이트: https://termalymalebielice.sk

영화 『네버 엔딩 스토리』의 Považská Bystrica(포바즈카 비스트리카/"뽀바스까 비스뜨리차")

지 역	Trenčín
지 구	Považská Bystrica

해발 고도	288m(945ft)
인 구	41,697명(2009년 12월 31일)
우편 번호	017 01
전화 번호	+ 421-42
자동차 번호판	PB
웹사이트:	http://www.povazska-bystrica.sk

Považská Bystrica(포바즈카 비스트리카, "뽀바스까 비스뜨리차" 발음에 가까움. 독일어: Waagbistritz, 헝가리어: Vágbeszterce)는 슬로바키아 북서부의 한 마을이다. 이 마을은 Žilina("질리나") 시에서 약 30km 떨어진 Váh("바흐") 강에 위치하고 있다.

개요

마을에 가까운 또 다른 인기 있는 관광 명소는 웅장한 협곡 Manínska tiesňava("마닌스까 찌에스냐바")이다. 이 협곡은 Veľký Manín("벨끼 마닌")과 Malý Manín("말리 마닌") 산으로 나누어진다. 이곳은 암벽 등반가들에게 국제적으로 인기 있는 장소이고, 1984년 『The Never Ending Story(네버 엔딩 스토리)』 영화의 촬영 장소이기도 하다. 불과 몇 km 떨어진 곳에 Súľovské scaly("술로우스께 스깔리") 돌산이 있다. 가장 유명한 슬로바키아 온천 중 하나인 Rajecké Teplice("라예츠께 제쁠리체")가 마을로부터 약 20km 거리에 있다. 슬로바키아에서 최근 생긴 스파 Nimnica("님니차")가 몇 km 가까운 거리에 있다. 마을은 대부분 포스트모던 건축 구조를 가지고 있는데, 대부분의 20세기 이전 건물들이 1960년대와 1980년대에 대체되었다.

관심장소

Manínska tiesňava

Manínska tiesňava("마닌스까 찌에스냐바")는 Považská Bystrica("뽀바즈까 비스뜨리차")에서 6km 떨어진 곳에 위치한, 슬로바키아에서 가장 좁은 협곡이다. 그곳의 야생 및 희귀 동식물 때문에 관심이 큰 관광 장소이고, 암벽 등반가들이 자주 방문한다.

Estakáda

고속도로 고가교는 크기, 개념 및 짧은 건설 기간 이유 슬로바키아의 토목 공학의 주요 구조물로 간주된다. 2010년 5월 31일에 마을의 고가교가 도로 교통 목적으로 문을 열었다.

집행 기관 행정관(ABŠO)

이 마을에 있는 행정 건물 ABŠO(Administratívna Budova Štátnych Orgánov v Považskej Bystrici)는 독창적인 기술 설계, 경량화된 건축 및 건물의 외부 형태를 가지고 있는, 사무용 건물과 호텔이 복합된 모습으로 1960년대의 가장 중요한 건물 중 하나이다.

RVP(Tatra banka building) 빌딩

Tatra banka("따뜨라 방카") 은행의 건물은 70년대에 철거된 구시가지에 남겨진 흔적 중 하나이다. 그곳은 세계 대전 전쟁 중간의 마을의 현대 건축물의 가장 중요한 예이다. 그곳은 마을의 기념물 목록에 포함되어 있다.

Považský hrad

Považský 성(Považský hrad, "뽀바즈끼 흐라드")은 이 마을의 랜드마크이자 역사의 증인이다. 켈트족 동전이 이 성 절벽에서 발견되었다. 마을의 탑은 마을의 문장으로 받아들여졌다. 요즘 자원봉사 조직인 Zdruzenie hradu Bystrica("즈드루제니에 흐라두 비스뜨리차")가 성에서 작은 수리 작업들을 진행하고 있지만, 성은 더욱 복잡한 재건 수리 작업을 필요로 한다.

위치/주소: Povazska Bystrica, Slovakia
웹사이트: http://slovakia.travel/en/the-povazsky-hrad-castle

Burg Považská Bystrica(Kaštieľ Burg, The manor house Burg)

이 영주의 주택(Burg)은 17세기 전반기에 지어졌으며 슬로바키아 르네상스 문화의 대표격이다.

위치/주소: Kaštieľ, rokoko 17. storočie
웹사이트: povazske-podhradie.sk

성모 마리아 방문 교회(Kostol Navštívenia Panny Márie)

성모 마리아 방문 교회(Kostol Navstivenia Panny Marie, "꼬스똘 나우스찌베니아 빠니 마리에")는 이 마을의 중심부에 위치한 주요 교회로 슬로바키아에서 14세기 건축과 20세기 상반기의 건축 양식을 잇는다. 성 소유자 Ján Podmanitzky("얀 뽀드마니츠끼")가 고딕 양식으로 지어졌다. 1913~1914년에 교회 탑은 바로크 양식의 '양파 형태' 건축물로 덮여 있었다. 원래의 건물들 중에서, 사제석과 북쪽 경계벽만이 여전히 보존되어 있다. 주요 재건축 및 확대 작업은 1940년에 시작되었다. 교회 창문에는 1951년 슬로바키아 예술가 Vincent Hložnik("빈센트 흘로즈니크")와 그의 아내 Viera Hložníková("비에라 흘로즈니코바")가 만든 화려한 스테인드글라스로 채워져 있다. 교회 앞에서 성모 마리아의 동상이 있다.

위치/주소: Stred 44/1, 017 01 Považská Bystrica
웹사이트: pb.fara.sk

Orlove **영주 저택**(Hotel Gino Park Palace)

Orlové("오를로베") 영주 저택은 1612년 헝가리의 귀족 Žigmund Balassa("지그문드 발라싸")에 의해 세워졌다. 원래는 르네상스의 단층 저택이었다. 18세기 초 보수 공사로 영주저택은 2층짜리 4개 동의 저택으로 바뀌었다. 영주 저택의 외관에 큰 영향을 끼친 사람은 설립자의 증손자인 Pavol Balassa("빠볼 발라싸")였다. 18세기 전반부에, 그의 아내 Juliana Batthyány("율리아나 바띠아니")와 함께 거대한 바로크 양식의 영주 저택을 재구성했다. 분수대가 있는 공원과 안뜰도 당시에 추가되었다. 우리는 영주 저택 입구 문 위의 기념 비문에서 이 재건에 관해 읽을 수 있다. 입구 출입구에는 Balassa("발라싸")와 Bathyány("바띠아니") 가문의 문장이 있다.

영주 저택의 가장 소중한 부분 중 하나는 1770~1780년 사이에 지어진, 로코코(Rococo) 인테리어가 있는 바로크 양식의 성 요한(St. John of Nepomuk) 예배당이다. 예배당은 영주 저택 서쪽 건물의 2층을 차지한다.

Balassa("발라싸") 가문은 250년 동안 이 저택을 소유했다. 그 후, 몇 명의 소유자가 있었지만 20세기 초에 세계적으로 유명한 체코 바이올린 거장이고 작곡가였던 Jan Kubelík("얀 쿠벨리크")가 이 영주 저택을 소유하기도 했다.

4성급 호텔인 'Gino Park Palace'는 이 저택에 자리 잡고 있다. 그 호텔은 일 년 내내 높은 수준의 고급 숙박 시설, 레스토랑 서비스 및 이벤트를 제공한다.

위치/주소: Kaštieľ Orlové 116, 017 01 Považská Bystrica
웹사이트: parkpalace.sk

Kalvaria Povazska Bystrica

이곳은 사회주의 시대에 대부분 파괴되었다. (참조: 갈바리아/골고다 언덕 =Kalvaria/Calvaira는 예루살렘 북쪽 교외에 있는 예수 그리스도가 십자가형을 당한 언덕을 말함.) 언덕 꼭대기의 막달레나 성당의 예배당으로 가는 길에 11개의 조형물이 있다. 기념비의 마지막 개축은 1937년에 이루어졌다. 현재의 상태에도 불구하고, 이곳은 국가 유산으로 지정되어 있다. 성 막달레나 예배당에는 골고다 언덕에 예수님과 두 남자의 동상이 있었지만 보존 상태 문제로 동상이 마을 교회로 옮겨졌다.

위치/주소: Moyzesova 900/98, 017 01 Považská Bystrica

Povazske Podhradie 영주 저택

Szapáry("사파리", 이 건물을 세운 헝가리 귀족 가문의 이름을 따른 것으로 추정) 저택은 성 아래에 곡물 저장소와 별채들이 있는 로코코 스타일(18세기에 유행한 건축 및 예술 양식. 세부 묘사와 화려한 장식이 특징)의 건물이다. 예배당은 1763년과 1764년 사이에 세워졌고 1960년에 재건되었다. 영주 저택의 내부에는 로코코 그림, 돌에 새겨진 문장이 있었다.

위치/주소: Považské Podhradie 6, 017 04 Považská Bystrica

세인트 헬레나 예배당(Kaplnka sv. Heleny)

Peter Szaparay("뻬떼르 싸파라이")가 세인트 헬레나 예배당(Kaplnka sv. Heleny, 카플른까 sv. 헬레니)을 1728년에 마을 위 언덕에 세웠다. 그곳은 린덴(보리수·참피나무 종류) 나무로 둘러싸여 있으며, 그중 하나는 250년이 넘었다. 예배당은 강탈당했고 1990년대에 새롭게 개조될 때까지 파손 상태였다.

위치/주소: 017 01 Považská Bystrica
웹사이트: saletinirozkvet.webnode.sk

Kostol Sv. Ladislava(Kostol svätého Ladislava.)

이 교회는 19세기에 지어졌다. 교회 전제에는 John of Nepomuk 동상이 있는데, 1784년에 홍수가 일어날 때 버려진 평저선을 통해 Povazske Podhradie("뽀바즈께 뽀드흐라지에")로 우연히 가져왔다. 홍수가 일어난 후 그 상은 5개의 린덴 나무로 둘러싸여 있었다. 시간이 지나면서 린덴 나무도 크게 자랐다. 이 시점부터 사람들은 자연의 경이로움으로 동상과 함께 그 나무를 우상화하기 시작했는데, 린덴은 Vah("바흐") 강물의 새로운 인공 유역을 건설하는 동안 잘려나갔다.

위치/주소: 017 04 Považská Bystrica-Považské Podhradie

유명인사

Michal Mertiňák(1979): 테니스 선수

Dorota Nvotová(1982): 여배우/가수

Imro Weiner-Kráľ(1901): 화가

보이니체 동화 마을이 보이는

Prievidza(프리에비자/"쁘리에비자")

지 역	Trenčín
지 구	Prievidza

해발 고도	280m(919ft)
인 구	49,387명(2012년 1월 1일)
우편 번호	971 01
지역 번호	+ 421-46
자동차 번호판	PD
웹사이트:	www.prievidza.sk

Prievidza(프리에비자, "쁘리에비자" 발음에 가까움. 헝가리어: Privigye, 독일어: Priwitz)는 슬로바키아 중서부의 한 도시이다. 인구 49,400명으로 Trenčín("트렌친") 지역에서 두 번째로 큰 시정촌이다. 더 작지만 더 유명한 마을 Bojnice("보이니체")의 근처에 위치하고 있으며 실제로 대중교통 시스템을 공유한다.

이 름

Prievidza("쁘리에비자") 마을 이름은 Previd("쁘레비드") 사람 이름에 소유 접미사 '–ja'의 합성으로 Previd의 마을을 의미하여, 개인 이름에서 유래한 것으로 추정된다. 다른 가설은 vid(슬로바키아어 'vidieť'은 "보다", 혹은 'previdieť'은 "통해서 보다"라는 단어임.)에서 파생되어 "모든 방향에서 볼 수 있는 마을"이라는 가설도 있다.

주요 관심장소

SNM - Bojnice Castle Museum (Bojnicke hradne muzeum)

위치/주소: Zamok a okolie 1, Bojnice 972 01, Slovakia
웹사이트: http://www.bojnicecastle.sk/

Bojnice Zoo(Národná zoologická záhrada Bojnice)

위치/주소: Zámok a okolie 939/6, 972 01 Bojnice
웹사이트: zoobojnice.sk

Museum of prehistory(Múzeum praveku Slovenska)

위치/주소: Rybnicky street, Bojnice 972 01, Slovakia
웹사이트: http://muzeumpraveku.sk/

Mining Skansen Museum of Horna Nitra(Hornonitriansky banský skanzen)

위치/주소: Sebedrazie | Mine Cigel, Prievidza 97205, Slovakia
웹사이트: http://www.banskyskanzen.sk/

Piarist Church of The Holy Trinity (Piaristický kostol Najsvätejšej Trojice)

위치/주소: A. Hlinku 48, Prievidza 971 01, Slovakia
웹사이트: https://www.piaristi.sk/

Bojnice Spa(Kúpele Bojnice)

위치/주소: Kupelna 1, Bojnice 972 01, Slovakia
웹사이트: http://www.kupele-bojnice.sk/

Chapel of St. Michael the Archangel(Kaplnka Svateho Michala)

위치/주소: Sladkovicova, Bojnice, Slovakia
웹사이트: http://www.pamiatkynaslovensku.sk/bojnice-kapnka-sv-michala

Golf Course Scotland

위치/주소: Priehon, Sebedrazie 97205, Slovakia

웹사이트: http://www.gcscotland.sk/

딸기가 좋아~

Prešov(프레소프/"쁘레쇼우")

지 역	Prešov
지 구	Prešov
해발 고도	250m(820ft)
인 구	91,352명(2012년 12월 31일)
- 광역도시	161,000명
우편 번호	080 01, 080 02, 080 03, 080 04, 080 05, 080 06
지역 번호	+ 421-51
자동차 번호판	PO, PV
웹사이트:	www.presov.sk

Prešov(프레소프, "쁘레쇼우" 발음에 가까움. 헝가리어: Eperjes, 독일어: Eperies, Preschau, 라틴어: Fragopolis, 폴란드어: Preszów, 우크라이나어: Пряшів)는 슬로바키아 동부의 한 도시이다. 이 도시는 Prešov 지역(Prešovský kraj)과 Šariš("샤리쉬": 13세기경에 형성된 동북 통치구의 오래된 이름) 통치구뿐만 아니라 역사적으로 헝가리 Szepes("쎄뻬쉬") 통치구의 중심지이다. 인구는 약 91,352명으로 슬로바키아에서 세 번째로 큰 도시이다.

어 원

첫 번째 기록된 언급은 1247(Theutonici de Epuryes)에서 나온 것이다. 이 도시 이름의 유래에 대한 가설은 헝가리어 'eper(딸기)'에서 나왔다는 설이다. 또 다른 가설은 슬라브 개인 이름인 Preš/Prešä에서 기인한다. 참고로 Prešov 도시의 문장에는 세 개의 딸기가 그려져 있다. Prešov에서 온 사람들은 전통적으로 'koňare("꼬냐레")'로 알려져 있는데, 이는 '목마꾼'을 의미한다.

특 징

구시가지는 바로크 양식, 로코코 및 고딕 건축 양식의 진열장과 같다. 역사 중심지에는 이 스타일들로 지어진 건물들이 줄지어 있다. 그러나 교외 지역에서의 주택 단지와 Sekčov("쎅쵸우") 지구의 대규모 콘크리트 패널 건물을 보면 구소련의 영향을 분명히 알 수 있다. 더 많은 소비에트 스타일의 건축물이 도심 근처의 정부 청사들에서도 더 볼 수 있다.

이 도시의 주요 산업 분야는 기계 및 전기 엔지니어링 분야와 의류 산업이라 할 수 있다. 슬로바키아의 유일한 소금 채광 및 가공 회사인 Solivary("쏠리바리") 또한 이 도시에서 운영된다. 이 도시는 그리스 가톨릭 대주교의 집무실이 있으며, 체코 국가와 슬로바키아의 정교회의 대주교가 위치한다.

Jonáš Záborský Theatre(Divadlo Jonáša Záborského, "지바들로 요나샤 자보르스께호")의 신축 건물과 오래된 극장 부지에서 많은 콘서트, 오페라, 오페레타 및 무대 연극이 공연된다.

주요 관심장소

Saint Nicholas Concathedral(Kostol Svateho Mikulasa)

위치/주소: Hlavna, Presov 080 01, Slovakia

웹사이트: http://www.presov.rimkat.sk/

Orthodox Synagogue and Museum, Presov(Ortodoxná synagóga v Prešove)

위치/주소: Okruzhna 32, Presov 080 01, Slovakia

웹사이트: http://www.synagoga-presov.sk/

National Park Poloniny (Narodny park Poloniny)

위치/주소: Mieru St, 193, Presov, Slovakia

웹사이트: http://www.poloniny.fussion.info/

Rakocziho Palace(Krajské múzeum Prešov - Rákocziho palác)

위치/주소: Hlavna 86, Presov, Slovakia

웹사이트: http://www.vypadni.sk/sk/krajske-muzeum-presov-rakocziho-palac

Alexander Nevski Orthodox Cathedral (Chram svateho Alexandra Nevskeho)

위치/주소: BudovateLska 1, Presov 080 01, Slovakia

웹사이트: http://www.pcopresov.sk/

Greek Catholic Bishop's Palace(Gréckokatolícky biskupský palác v Prešove)

위치/주소: Hlavna 1, Presov, Slovakia

Saltern in Presov, Slovak Technical Museum (Solivar v Presove, Slovenske Technicke Muzeum)

위치/주소: Namestie osloboditelov 4, Presov 08005, Slovakia

웹사이트: http://www.stm-ke.sk/index.php/sk/pobocky-2/solivar-pri-presove

Wooden Church of St. Francis of Assisi(Dreveny Kostol sv. Frantiska z Assisi)

위치/주소: Hervartov 84, Presov, Slovakia

웹사이트: http://www.visitslovakia.com/church-of-st-francis-of-assisi-in-hervartov/

Safari Park

위치/주소: Strojnicka 15, Presov 080 01, Slovakia

웹사이트: http://www.zockoral.sk/safari-park/

Greek Catholic Cathedral of St. John the Baptist(Gréckokatolícky katedrálny chrám sv. Jána Krstiteľa)

위치/주소: Hlavna 2871/1, Presov, Slovakia

웹사이트: http://www.vypadni.sk/sk/greckokatolicky-katedralny-chram-sv-jana-krstitela

Preskov city hall(Prešovská radnica)

위치/주소: Hlavna 73, Presov, Slovakia

웹사이트: http://www.vypadni.sk/sk/presovska-radnica

Calvary(Kalvária v Prešove)

위치/주소: Slavicia 4242/13, Presov, Slovakia

웹사이트: http://www.vypadni.sk/sk/kalvaria-v-presove

Black Eagle in Presov(Čierny orol v Prešove)

위치/주소: Hlavna 50, Presov, Slovakia

웹사이트: http://www.vypadni.sk/sk/cierny-orol-v-presove

Florian's Gate(Floriánova brána v Prešove)

위치/주소: Bastova 3182/32, Presov, Slovakia

웹사이트: http://www.vypadni.sk/sk/florianova-brana-v-presove

Neptune Fountain(Neptúnova fontána v Prešove)

위치/주소: Hlavna, Presov, Slovakia

웹사이트: http://www.vypadni.sk/sk/neptunova-fontana-v-presove

Immaculata sculpture(Súsošie Immaculaty v Prešove)

위치/주소: Hlavna, Presov, Slovakia

웹사이트: http://www.vypadni.sk/sk/susosie-immaculaty-v-presove

Evangelical Church of the Holy Trinity(Evanjelický kostol Svätej Trojice v Prešove)

위치/주소: Hlavna 143, Presov, Slovakia

Lutheran College(Evanjelické kolégium v Prešove)

위치/주소: Hlavna 137, Presov, Slovakia
웹사이트: http://www.vypadni.sk/sk/evanjelicke-kolegium-v-presove

나폴레옹 부인도 즐긴 온천 마을

Bardejov: 유네스코 문화유산(바르데요프/"바르데요우")

지 역	Prešov
지 구	Bardejov
해발 고도	283m(928ft)
인 구	33,020명(2010년 12월 31일)
우편 번호	08501
지역 번호	+ 421-54
자동차 번호판	BJ
웹사이트:	www.e-bardejov.sk

유네스코 세계 문화유산

이 름:	Bardejov Town Conservation Reserve
연 도:	2000년(# 24)

번 호: 973

지 역: 유럽 및 북미

기 순: iii, iv

IUCN 카테고리: 문화

Bardejov(바르데요프, "바르제요우" 발음에 가까움. 독일어: Bartfeld, 헝가리어: Bártfa, 루신어: Бардеёв, 우크라이나어: Бардіїв, 폴란드어: Bardejów)는 슬로바키아 북동부에 있는 한 마을이다. 그 마을은 Beskyd("베스끼드") 산맥의 언덕에 있는 Šariš("샤리쉬") 지역의 Topľa("토플라") 강 범람원 다랑이 위에 위치하고 있다. 온전히 보존된 중세 마을 중심에는 수많은 문화 기념물들이 있다. 이 마을은 유네스코의 세계 유산 중 하나이며 현재 인구는 약 3만 명 정도이다.

어 원

마을 이름의 기원에 관한 두 가지 이론이 있다. 하나의 이론에 따르면 마을 이름은 헝가리 단어 '바드(bard: "작은 도끼, 손도끼"를 의미함.)'로부터 유래되었다 한다. 헝가리어 마을 이름 Bártfa에서는 'fa("나무"를 의미)' 접미어가 나중에 나왔고, 발음의 편의를 위해 'bárd'의 마지막 문자가 'bárt'로 바뀌었다.

또 다른 이론은 기독교인의 이름인 Barděj, Barduj(Bartholomew 사람 이름의 축약된 형태)에 일반적인 슬라브족 소유격 접미사 '-ov'를 붙여 만들었다는 이론이다. 이 이론은 최초의 문서로 기록된 이름인 Bardujef(1241)에 의해 뒷받침된다.

특 징

1950년 이 마을은 보호 마을 핵심 지역으로 선언되었으며 문화유산 복원이 시작되었다. 이러한 노력으로 1986년 함부르크의 국제 이사회에 의해 유럽 금메달을 수상한 바 있다. 체코 슬로바키아에서 처음으로 이 상을 수상한 마을이 되었다. 2000년 11월 20일 유네스코는 이 마을의 유대인 교외 지역과 역사적인 마을 중심지를 세계 문화유산 중 하나로 선정하였다.

오늘날 이 마을은 중세, 르네상스 및 고딕 양식의 건축물을 광범위하게 복원하고 보존함으로써 이 마을을 인기 있는 관광지로 만든 정통 구시가지 광장으로 유명한다. 이 마을은 연례 무역 박람회와 중세 과거를 기념하는 롤랜드 게임과 같은 문화 전통을 발전시키기 위해 그들의 풍부한 유산들을 활용한다.

볼거리들

Bardejov("바르데요우")는 1247년에 처음 언급된 St. Aegidius(성 아에기디우스) 교회의 기념비에 의해 주목된다. 여러 예배당이 있는 3개의 정통 성당이 1464년에 완성되었다. 마을의 중세 시장이었던 중앙 광장(Radničné námestie, "라드니취네 나메스찌에")은 잘 보존된 고딕, 르네상스 양식의 주민 집들과 St. Giles(성 길레스) 대성당으로 둘러싸여 있다.

가장 흥미로운 건물 중 하나는 1505년에 지어진 시청이다. 아래쪽 부분은 고딕 양식으로 지어졌으나 위쪽 부분은 르네상스 양식으로 마무리

되었다. 이곳은 시의회의 본부였고, 마을의 경제적·사회적·문화적 삶의 중심이었다. 1903년 시청은 슬로바키아에서 가장 오래되고 가장 큰 박물관 중 하나인 Šariš Museum Bardejov("샤리쉬 무제움 바르데요우")로 알려진 Šarišs 통치구 박물관(Sárosi museum, "샤로시 무제움")으로 사용되도록 개조되었다.

요새화 시스템과 성벽은 14세기와 15세기에 지어졌으며 슬로바키아에서 가장 정교하고 최고의 보존된 중세 요새 중 하나로 유럽 문화유산 기금에 등록되었다.

이 마을에서 북쪽으로 약 2.5km 떨어진 곳에 온천 마을 Bardejovské Kúpele("바르데요우스께 꾸뻴레")가 있다. 치료용 광천수 온천은 종양학, 혈액 순환 및 소화 기관에 문제가 있는 사람들에게 유익한 것으로 알려져 있다. 이 온천은 마리 루이스(Marie Louise), 나폴레옹 보나파르트(Napoleon Bonaparte)의 아내 파르마 공작 부인, 러시아의 차르 알렉산더 1세, 오스트리아 헝가리의 여왕 엘리자베스(Empress Elisabeth) 등 다수의 고위 관리자들이 방문하기도 했다.

주요 관심장소

St. Egidius Basilica(Bazilika sv. Egídia)

위치/주소: Radnichne namestie 3, Bardejov 085 01, Slovakia
웹사이트: http://rkfubardejov.sk/bazilika-sv-egidia/

Radnicne Square (Radnicne Namestie)

위치/주소: Bardejov 085 01, Slovakia

The Exposition of Icons(Šarišské múzeum Bardejov, Expozícia Ikony)

위치/주소: Radnichne namestie 13, Bardejov 085 01, Slovakia

웹사이트: http://www.muzeumbardejov.sk/english/historia/historia.htm

Hall Bardejov, Saris Museum, Historical exhibition(Radnica Bardejov)

위치/주소: Radnicne Namestie 48, Bardejov 085 01, Slovakia

웹사이트: muzeumbardejov.sk

Bronze statue of an executioner (Bronzova socha kata)

위치/주소: Radnicne namestie, Bardejov, Slovakia

웹사이트: http://slovakia.travel/novou-atrakciou-bardejova-je-bronzova-socha-kata

Holocaust Monument(Pamätník holokaustu)

위치/주소: Radnichne namestie 24, Bardejov 085 01, Slovakia

웹사이트: http://www.ktcbardejov.sk/o-nas/pamatnik-holokaustu

Malov mestiansky house(Maľovaný meštiansky dom v Bardejove)

위치/주소: Radnicne namestie 26, Bardejov, Slovakia

웹사이트: http://www.vypadni.sk/sk/malovany-mestiansky-dom-v-bardejove

Singing Fountain(Spievajúca fontána v Bardejove)

위치/주소: Dlhy rad, Bardejov, Slovakia

웹사이트: http://www.vypadni.sk/sk/spievajuca-fontana-v-bardejove

Gross bastion(Mestské opevnenie Bardejova - Hrubá bašta)

위치/주소: Na hradbach 94/3, Bardejov, Slovakia

웹사이트: http://www.vypadni.sk/sk/mestske-opevnenie-bardejova-hruba-basta

Church of John the Baptist and the Franciscan monastery(Františkánsky kostol a kláštor v Bardejove)

위치/주소: Frantiskanov 2, Bardejov, Slovakia

웹사이트: http://www.vypadni.sk/sk/frantiskansky-kostol-a-klastor-v-bardejove

Hands of Bardejov (Ruky Bardejova)

위치/주소: Na hradbach, Bardejov, Slovakia

웹사이트: http://www.vypadni.sk/sk/ruky-bardejova

Gantzaughov house(Gantzaughov dom)

위치/주소: Radnicne namestie 13, Bardejov, Slovakia

웹사이트: http://www.pamiatkynaslovensku.sk/bardejov-gantzaughov-dom

Lower Gate(Mestské opevnenie Bardejova - Dolná brána a okolie)

위치/주소: Ulica Na hradbach, Bardejov, Slovakia

웹사이트: http://www.vypadni.sk/sk/mestske-opevnenie-bardejova-dolna-brana-a-okolie

Statue of St. Florian(Socha sv. Floriána v Bardejove)

위치/주소: Radnicne namestie, Bardejov, Slovakia

웹사이트: http://www.vypadni.sk/sk/socha-sv-floriana-v-bardejove

초대 대통령, 그리고 예술가들의 마을

Humenné(훔메네/"훔멘네")

지 역	Prešov
지 구	Humenné
고 도	156m(512ft)
인 구	34,634명(2012년)
우편 번호	066 01
전화 번호	+ 421-57
자동차 번호판	HE
웹사이트:	http://www.humenne.sk

Humenné(훔메네, "훔멘네" 발음에 가까움. 독일어: Homenau, 헝가리어: Homonna, 루신어: Гумeннe) 슬로바키아 동부의 Prešov("쁘레쇼우") 지역에 위치한 마을이다. 역사적인 Zemplín("젬쁠린", 이전 헝가리 통치주) 지역의 두 번째로 큰 마을이기도 했다.

이름과 어원학

이름은 일반적인 슬라브 단어 'humno("뒷마당"의 뜻)'에서 유래했다고 한다.

볼거리들

Humenné("훔멘네")는 슬로바키아에서 가장 동쪽에 있는 지구의 중심지이다. 가장 매력적인 장소는 Morské oko("모르스께 오꼬") 호수를 자랑하는 Vihorlat("비호를라쯔") 산과 슬로바키아, 폴란드 및 우크라이나 국경에 있는 국립 공원 Poloniny("뽈로니니")의 일부인 Poloniny 마을이다. 이 마을은 마을 공원에 위치한 중세 성곽 유적과 야외 박물관으로 둘러싸여 있다.

훔멘네 근처의 성 및 저택:

Brekov 성(폐허, 남서쪽으로 7km): 주소 060 01 Brekov

Jasenov 성(폐허, 남쪽으로 3km): 주소 066 01 Jasenov

Čičava 성(폐허, 남서쪽으로 14km): 주소 15, 094 09 Sedliska(hradcicva.sk)

Kamenica nad Cirochou: 1773년 세워진 고전주의 저택. 현재는 대중에 비공개. 동쪽에서 7km

유명인사

Peter Breiner: 피아니스트, 지휘자, 작곡가

Michal Ková : 현대 최초의 슬로바키아 대통령

Jozef Tomko: 추기경

Ladislav Grosman: 오스카 상 수장자

주요 관심장소

Vihorlatske Museum(Vihorlatské múzeum)

위치/주소: Namestie slobody 1, Humenne 066 01, Slovakia

웹사이트: http://www.muzeumhumenne.sk/

Open-air Museum(Expozícia ľudovej architektúry a bývania - Skanzen Humenné)

위치/주소: Šmidkeho 495/67, 066 01 Humenné

웹사이트: muzeumhumenne.sk

Humensky castle (Humenský zámok)

위치/주소: Mierová, 066 01 Humenné

웹사이트: muzeumhumenne.sk

앤디 워홀 박물관

Medzilaborce("메질라보르체")

지 역	Prešov
지 구	Medzilaborce
고 도	326m(1,070ft)
인 구	6,616명(2006년 12월 31일)
우편 번호	068 01
전화 번호	+ 421-57
자동차 번호판	ML

웹사이트: http://www.medzilaborce.net

Medzilaborce("메질라보르체" 발음에 가까움. 우크라이나어: Міжлабірці, Mizhlabirtsi, 루신어: Меджілабірці, Medžilabirci)는 폴란드와의 국경에 가까운 북동부 슬로바키아의 마을로, Sanok 및 Bukowsko(Małopolska 남동부) 마을 근처에 위치하고 있다.

특 징

앤디 워홀(Andy Warhol) 현내 미술 박물관은 1991년에 개장했으며 앤디 워홀과 그의 형제 폴(Paul)과 조카 제임스 워홀라(James Warhola)의 많은 작품과 결과물을 전시하고 있다. 워홀의 어머니 줄리아 워홀라(Julia Warhola)는 서쪽으로 17km 떨어진 미코바(Miková) 마을에서 태어났고 남편과 살았다. 이 마을은 슬로바키아의 가장 개발되지 않은 지역 중 하나에 위치하고 있다. 마을에는 3개의 교회가 있다.

주요 관심장소

Andy Warhol Museum (Muzeum Moderneho Umenia Andyho Warhola v Medzilaborciach)

위치/주소: Andyho Warhola 749/26, Medzilaborce 068 01, Slovakia
웹사이트: http://www.andywarhol.sk/

Orthodox Church of the Holy Spirit(Pravoslávny chrám svätého Ducha)

위치/주소: Komenského, 068 01 Medzilaborce-Podňagovčík

웹사이트: https://orthodox-world.org/en/i/24979/Slovak-Republic/Pre%C5%A1ovsk%C3%BD/Medzilaborce/Church/Holy-Spirit-Orthodox-Church

유럽에서 가장 높은 공항 도시

Poprad(포프라드/"뽀쁘라드")

지 역	Prešov
지 구	Poprad
해발 고도	672m(2,205ft)
인 구	55,042(2006년 12월 31일)
- 광역도시	100,000명
우편 번호	058 01
전화 번호	+ 421-52
자동차 번호판	PP
웹사이트:	http://www.poprad.sk

Poprad(포프라드, "뽀쁘라드")는 역사적인 중심지이자 휴양지로 유명한 하이 타트라(Vysoké Tatry, "비소께 따뜨리") 산기슭에 있는 슬로바키아 북부의 도시로, Spiš(스삐쉬) 지역에서 가장 큰 도시이자 슬로바키아에서 10번째로 큰 도시이다. 인구는 약 55,000명이다.

볼거리들

역사적인 중심지는 St. Egidius 광장(Námestie svätého Egídia, "나메스찌에 스배떼호 에기디아") 주변에 집중되어 있는데, 이 광장은 18세기와 19세기의 주거지로 둘러싸여 있다. 도시의 교회에는 13세기 후반의 초기 고딕 가톨릭 양식의 성 Egidius 교회를 포함하고 있다.

Poprad("뽀쁘라드") 근처의 또 다른 역사적 중심지는 Spišská Sobota("스삐쉬까 쏘보따")에 있으며, 1953년에 마을 기념물 보호지역으로 선언되었다. 중요한 랜드마크는 St. George 교회이다. 5개의 후기 고딕 양식 제단과 Master Paul of Levoča(마스터 폴/빠볼) 조각가 작업장으로부터 온 주요 제단이 있다.

관심 있는 현대적인 장소로 AquaCity Poprad(아쿠아 씨티 포프라드)라는 새로운 워터 파크가 있다.

교통/수송

Poprad("뽀쁘라드")는 인기 있는 관광지인 High Tatras(Vysoké Tatry, "비쏘께 따뜨리") 산맥의 관문이다. 도시는 주요 도로(E50)가 지나가고, 슬로바키아 서부와 동부를 연결하는 철도선상에도 있다.

Poprad-Tatry("뽀쁘라드-따뜨리") 기차역은 Poprad("뽀쁘라드")와 슬로바키아의 다른 주요 목적지를 표준 계기 철도망으로 연결하고 미터 계기(트랙 폭이 1미터로 좁음.)의 Tatra Electric Railway(타트라 전기 철로)를 통해 산들을 연결한다. 직행 열차 SuperCity Pendolino는 Poprad와 프라하를 연결한다.

1938년 세워진 국제 Poprad-Tatry("뽀쁘라드-따뜨리") 공항은 중부 유럽에서 가장 높은 고도의 공항이다. 또한, 런던행 정기 항공편을 제공한다.

유명인사

Daniela Hantuchová: 전문 테니스 선수. 그랜드 슬램을 달성함. 혼합 복식 분야(1983년 4월 23일 생)

Peter Bondra: 아이스하키 선수. NHL에서 500골 달성

Adolf Burger: 작가. Bernhard 작전을 소재로 한, 오스카 수상작 『The Counterfeiters』 영화의 작가임

Andrej Kiska: 사업가, 기업가, 슬로바키아 대통령

주요 관심장소

Church of St. Egidius(Kostol svätého Egídia)

위치/주소: Námestie svätého Egídia 46/74, 058 01 Poprad
웹사이트: rkcpoprad.sk

Spisska Sobota Old Town (Centrum)

위치/주소: Sobotske Namestie 1790, Spisska Sobota, Slovakia
웹사이트: http://slovakia.travel/en/spisska-sobota

Square of st. Egid (Namestie sv. Egidia)

위치/주소: Namestie svateho Egidia, Poprad, Slovakia

웹사이트: http://www.visitpoprad.sk/aktivity/namestie-sv-egidia-poprad-centrum-mesta/

Lutheran church(Evanjelický kostol)

위치/주소: Námestie svätého Egídia 8/17, 058 01 Poprad

Tatra Gallery(Tatranská galéria Poprad)

위치/주소: Hviezdoslavova 12, Poprad 058 01, Slovakia

웹사이트: http://www.tatragaleria.sk/

OC Max(shopping mall)

위치/주소: Dlhe hony 4587/1, Poprad, Slovakia

웹사이트: https://www.ocmax.sk/poprad/

Belfry(zvonica, Church of St. George/Kostol svätého Juraj)

위치/주소: Sobotské námestie 58, 058 01 Poprad-Spišská Sobota

웹사이트: dokostola.sk

Slovak Paradise National Park(Národný park Slovenský raj)

위치/주소: Hrabusice, Spisska Nova Ves, Slovakia

웹사이트: http://npslovenskyraj.sopsr.sk/

Forum Mall(Shopping mall)

위치/주소: Námestie Sv. Egídia 3290/124, 058 01 Poprad

웹사이트: forumpoprad.sk

헤라클레스가 서 있는

Snina("스니나")

지 역	Prešov
지구	Snina 지구
해발 고도	216m(709ft)
인 구	21,326명(2005년 12월 31일)
우편 번호	069 01
전화 번호	+ 421-57
자동차 번호판	SV
웹사이트:	http://www.snina.sk

Snina("스니나" 발음에 가까움.)는 Beskydy("베스끼디") 산기슭과 Vihorlat("비호를라쯔") 산맥 사이의 계곡에 있는 Cirocha("치로하") 강과 작은 강 Pčolinka("쁘촐링까") 의 합류점에 위치해 있다. 이 마을은 Poloniny("뽈로니니") 국립 공원과 철도 및 버스 정류장과 가장 가까운 마을이다.

특 징

1839년에 시작하여 전통적인 시장이 일 년에 네 번 Snina("스니나")에서 개최되어 비즈니스 및 무역의 발전을 도왔다. 1841년 Jozef("요제프") 계곡에 철제 주물 공장이 세워졌다. Hercules("헤라클레스")로 알려진 주형 동상이 Snina("스니나") 영주 저택 옆에 배치되었으며 오늘날까지도 이 마을의 상징이 되고 있다. 사업이 쇠퇴하여 1873년에 철과 강철 제강소가 완전히 문을 닫았고, 이 마을과 그 주변 사람들의 삶은 급속하게 악화되어 대규모 이주가 시작되었다. 그들은 집을 나와 미국, 캐나다 및 서유럽에 갔다.

주요 관심장소

The Wooden Church of St. Michael the Archangel(Kostol sv. Michala Archanjela)

위치/주소: Ruský Potok 76, 067 66 Ruský Potok
웹사이트: drevenechramy.sk

Sninsky Kamen (Natural monument)

위치/주소: Snina, Slovakia

Natural Pool Sninske Rybniky (Biokupalisko Sninske Rybniky)

위치/주소: Rybnicka 3951, Snina 069 01, Slovakia
웹사이트: http://biokupaliskosnina.sk/

The Sculpture of Hercules(Socha Herkula - Kaštieľ Snina)

위치/주소: Kpt. Nálepku 71/6, 069 01 Snina

까마귀가 날아다니는

Vranov nad Topľou(브라노프 나드 토플로우/"브라노우 나드 또뻘료우")

지 역	Prešov
지 구	Vranov nad Topľou
해발 고도	132m
인 구	23,157명(2012년 12월 31일)
우편 번호	093 01
지역 번호	+ 421-57
자동차 번호판	VT
웹사이트:	www.vranov.sk

Vranov nad Topľou(브라노프 나드 토플로우, "브라노우 나트 또플료우" 발음에 가까움. 독일어: Frö(h) nel/Vronau an der Töpl, 헝가리어: Varannó, 루신어: Воронів над Топлёв)는 슬로바키아 동부에 있는 인구 약 23,157명의 마을이다. Košice("코시체") 및 Prešov("쁘레쇼우")와 가깝고 Topľa("토뻘랴") 강과 Ondava("온다바") 강 사이에 위치하고 있다.

어 원

이름은 슬로바키아어 단어 vrana("브라나", 까마귀)와 소유격 접미사 '-ov'가 붙어 파생되었다.

특 징

이 마을은 15세기 고딕 양식의 교회(1578년과 1718년 재건), 1718년의 바로크 수도원, 1930년~1935년의 신 고딕 양식의 복음주의 루터 교회, 20세기 초의 개혁 교회, 1923년의 회당, 그리고 고전주의 영주 저택(18세기 중세 시대에 성 위에 세워짐.)이 있다. Vranov("브라노우")는 또한 16세기 동안에 중요한 제분소 중심이었다. 이 마을은 Veľká Domaša("벨까 도마샤") 저수지로의 여행을 위한 출발점이다.

주요 관심장소

Bazilika minor Narodenia Panny Márie

위치/주소: Mariánske námestie 1496/127, 09301 Vranov nad Topľou
웹사이트: bazilikavranov.sk

The parish of St. Francis of Assisi Vranov nad Topľou - South
Farnosť sv. Františka z Assisi Vranov nad Topľou - Juh

위치/주소: Dlhá 23, 093 01 Vranov nad Topľou
웹사이트: rkcvtjuh.edupage.org

Gréckokatolícka farnosť sv. pátra Pia vo Vranove n/Topľou - Juh

위치/주소: Bernolákova 1765/92, 093 01 Vranov nad Topľou
웹사이트: vt-juh.webnode.sk

힝기스가 코트를 누리고, 유럽 문화 수도로도 선정된

Košice(코시체/"코쉬체")

지 역	Košice 자치 지역
해발 고도	206m(676ft)
인 구	240,688명(2011년 12월 31일)
- 도시	355,047명
- 광역도시	555,800명
우편 번호	040 00
지역 번호	+ 421-55
자동차 번호판	KE
웹사이트:	www.kosice.sk

Košice(코시체, "코쉬체" 발음에 가까움.)는 슬로바키아 동부에서 가장 큰 도시이며 2013년에는 유럽의 문화 수도(프랑스 마르세이유와 함께)로 지정되었다. 그곳은 헝가리와의 국경에 가깝고, 슬로바키아 광석 산맥(Slovenské rudohorie, "슬로벤스께 루도호리에")의 동쪽에 있는 Hornád("호르나드") 강에 위치하고 있다. 약 240,000명의 인구로 코시체는 수도 브라티슬라바 다음으로 슬로바키아에서 두 번째로 큰 도시이다.

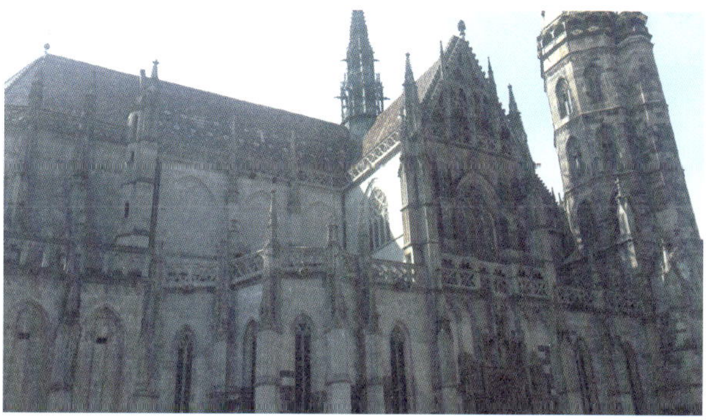

코시체는 슬로바키아 동부의 경제 및 문화 중심지이기 때문에 코시체 지역과 코시체 자치 지역의 수도이고, 슬로바키아 헌법 재판소, 3개의 대학, 다양한 교구 및 많은 박물관, 미술관 및 극장이 위치해 있다. 코시체는 슬로바키아의 중요한 산업 중심지이며 U.S. Steel Košice은 이 도시에서 가장 큰 고용주이다. 이 마을에는 철도가 광범위하게 연결되어 있고, 또한 국제공항이 있다.

도시에는 잘 보존된 역사적인 중심지가 있다. 슬로바키아에서 가장 큰 교회인 성 엘리자베스 대성당(Dóm svätej Alžbety)과 함께 고딕 양식, 르네상스식, 바로크식, 아르누보 양식의 유산 보호 건물이 많이 있다. 귀족의 궁전, 가톨릭 교회, 마을 주민들이 모여있는 주요 번화가 거리에는 보행자 구역으로서 많은 부티크, 카페 및 레스토랑이 있다. 이 도시는 유럽 내에서 문장이 인정된 최초의 정착지로 잘 알려져 있다.

어 원

이 도시에 대한 최초의 언급은 1230년에 "Villa Cassa" 이름으로 기록되었다. 이 도시의 명칭이 슬라브인 'Koša'라는 사람 이름에 슬로바키아어 이름 접미사 '-ice'를 붙여 만들어졌다는 가설이 있다. 또 다른 가설은, 현대 슬로바키아어 단어인 'kosiť("거두다"의 의미)'과 관련된 kosa("공터, 비우다"의 의미) 단어로부터 유래되었다는 설도 있다. 또 다른 가설은, 'Ko'로 시작되는 오래된 헝가리 사람으로부터 유래되었다는 설도 있다.

역사적인 합병

1230~1526년	헝가리 왕국
1526~1804	헝가리 왕국(합스부르크 군주국의 왕국)
1536~1551	John Zápolya의 헝가리 왕국(오스만 제국의 속국)
1604~1606	István Bocskai의 Hajduk 반동자(오스만 제국 후원)
1619~1629, 1644~1648	트란실바니아 공국(오스만 속국)
1672~1682	Kuruc 반동자(오스만 제국 후원)
1682~1686	Imre Thököly 공국(오스만 제국 후원)
1703~1711	Francis II Rákóczi의 폭동
1804~1867	오스트리아 제국

1867~1918	오스트리아–헝가리 제국
1918~1938	체코 슬로바키아
1918~1938	헝가리 왕국
1938~1955	체코 슬로바키아
1945~1992	슬로바키아

이 도시는 농업이 번성했던 헝가리 중부에서 중앙 폴란드까지의, 더 넓게는 발칸 반도, 아드리아 해, 에게 해를 발트 해로 연결하는 국제 무역 루트에 전략적으로 위치하였기에 더욱 빠르게 성장할 수 있었다. 왕이 부여한 마을 특권은 공예품 분야는 물론 다른 사업을 개발하는 데 도움이 되었고, 이 발전에 따른 마을 주변에 강력한 요새를 건설하는 데 도움이 되었다. 1307년에 처음으로 길드 규정이 등록되었고 이 길드는 헝가리 왕국에서 가장 오래되었다.

14세기 말에 도시의 중요성과 부유함은 이전에 파괴된 작은 성 엘리자베스 교회 땅 위에 완전히 새로운 교회를 세우겠다는 결정을 통해서도 알 수가 있다. 헝가리에서 가장 큰 대성당의 건설은 지기스문트(Sigismund) 황제와 사도좌의 지원을 받았다. 15세기 초반부터 Kassa(카사=현 코시체) 도시는 Pentapolitana(헝가리 상위 5개 도시, Bártfa, Locse, Kassa, Eperjes 그리고 Kisszeben 도시)에서 주도적인 역할을 담당했다. 중세 Hunyadi Mátyás(훈야디 마티야스) 왕이 지배할 당시에 이 도시의 인구수는 절정에 이르렀다. 헝가리인 거주자가 약 1만 명으로 유럽에서 가장 큰 중세 도시 중 하나였다.

17세기 동안의 수십 년 동안 이 도시는 트란실바니아 공국(Principality of Transylvania)의 일부였고, 오스만 제국의 일부이기도 했으며, 투르크어로는 'Kaşa'라고 불렸다. 1619년 9월 5일, 트란실바니아의 왕자인 가브리엘 베슬렌(Gabriel Bethlen)은 George I Rákóczi(죠르지 라코지) 왕자의 도움으로 또 다른 반(反) 합스부르크 봉기 기간에 이 도시를 점령했다. 합스부르크는 1621년 Nikolsburg(니콜즈버그)의 평화 협정에 의해 1606년의 종교적 용납 협정을 회복했으며 트란슬바니아 Partium("빠르띠움") 지역의 7개(Ugocsa, Bereg, Zemplen, Borsod, Szabolcs, Szatmar 및 Kassa 지역을 포함한 Abauj) 도시에 대한 트란실바니아의 통치를 인정했다. 카사(Kassa)와 Partium("빠르띠움")의 나머지 지역은 1629년 베슬렌(Bethlen)의 죽음 이후에 합스부르크로 돌아갔다.

도시의 남쪽에 있는 오각형 요새는 1670년대에 합스부르크 제국에 의해 지어졌다. 이 도시는 1670년대에 Kuruc("쿠르츠", 반 합스부르크 봉기군)에 의해 여러 번 포위되었으며, 합스부르크 황제에 대항하여 반란을 일으켰다. 반군 지도자들은 1677년 11월 26일 황제 군인들에 의해 학살되었다.

1657년부터 Benedict Kishdy(베네티트 키쉬디) 주교가 설립한 왕립 카사 대학(Universitas Cassoviensis)이 설립되었다. 이 대학은 1777년 Royal Academy로, 19세기 Law Academy로 변형되었다. 1721년 반 합스부르크 봉기가 끝난 후 오스트리아의 승리한 군대가 오스만 군대를 남쪽으로 몰았다. 이 중요한 영토 변화로 기존 코시체를 통과하는 무역로가 하닌 코시체를 우회하는 새로운 무역로가 생겨났다. 이 때문에 도시는 붕괴하기 시작했고 부유한 중세 도시에서 군사 기지로 변했으며, 이에 따라 농업에

만 주로 의존해야만 했다.

1723년 Immaculata("이마꿀라따") 동상은 1710~1711년 전염병을 기념하는 Hlavná ulica("흘라브나 울리차", 주요 거리)에 있었던 교수대 대신에 세워졌다. 이것은 1788년에 Magyar Museum(마기아르 무제움)이라고 불리는 최초의 헝가리 언어 정기 간행물을 출간한 헝가리 언어 재생성 운동의 중심지 중 하나였다. 도시의 성벽은 19세기 초부터 1856년까지 단계적으로 철거되었다. 집행자의 요새(Katova bašta/"카또바 바쉬따") 벽의 일부만 남았다. 오스트리아 황제 기병 장군인 프란츠 쉴릭(Franz Schlik)이 헝가리 군대를 격퇴했던 1848년 혁명 당시의 도시 주변 환경은 선생의 극상이 되었다. 1849년 2월 15일에 헝가리 군대에 의해 점령되었지만 1849년 6월 24일 러시아 군대는 그들을 후퇴시켰다.

제1차 세계 대전 이후와 오스트리아-헝가리 연맹의 점진적인 해체 동안 1918년 12월 11일에 헝가리 왕국의 보호하에 과도기 '동슬로바키아 공화국'의 일부가 되었다. 1918년 12월 29일에 체코 슬로바키아 군대가 이 도시에 들어와 새로이 설립된 체코 슬로바키아 국가에 포함되었다. 그러나 1919년 6월 코시체는 슬로바키아 소비에트 공화국의 일부로 다시 점령되었다. 체코 슬로바키아 군대는 1919년 7월에 이 도시를 다시 확보하였다.

공연 예술

코시체에는 여러 개의 극장이 있다. 코시체 주립 극장(Štátne divadlo Košice, "슈따트네 지바들로 코시체")는 1945년에 설립되었으며(당시에는 "동슬로바키아 국립 극장"으로 불려짐.) 드라마, 오페라, 발레의 세 앙상블로 구성되어 있다. 다른 극장으로는 마리오네트 극장(Marionette Theatre)과 구시가지 극장(Staromestské divadlo, "스따로메스께 지바들로")이 있다.

코시체는 1968년 슬로바키아에서의 두 번째 전문 교향악단으로 설립된 주립 필하모닉 코시체(Štátna filharmónia Košice)의 고향이다. 음악 봄 축제, 국제 오르간 음악 축제 및 현대 미술제와 같은 축제를 조직한다. Philharmonia Cassovia("필하모니아 카소비아") 오케스트라도 코시체에서 활동을 한다.

박물관 및 미술관

원래 상부 헝가리 박물관(Upper Hungarian Museum)이라는 이름으로 1872년에 설립된 동슬로바키아 박물관(Vychodoslovenské museum, "비호도슬로벤스께 무제움")이 있다. 슬로바키아 기술 박물관(Slovenské technické museum, "슬로벤스께 테흐니츠께 무제움")은 천문관과 함께 1947년에 설립되었고, 과학 기술의 역사와 전통을 전문으로하는 슬로바키아의 기술 부문의 유일한 박물관이다. 동슬로바키아 화랑(Východoslovenská galleria, "비호도슬로벤스까 갈레리아")은 1951년에 슬로바키아 동부의 예술적 삶을 기록하기 위한 목적으로 세워졌으며, 지역 최초의 갤러리이다.

유럽 문화 수도

2008년 코시체는 유럽 문화의 수도 타이틀을 수상했다. 이 프로젝트는 중공업의 중심에서 창의력과 새로운 문화 기반 시설을 갖춘 탈산업 도시로의 코시체의 변화를 목표로 했다. 경제 및 산업과 예술의 융합이라는 창의적 경제 개념을 코시체에게 가져왔다. 변형된 도시 공간은 창조산업 분야(디자인, 미디어, 건축, 음악 및 영화 제작, IT 기술, 창조적 관광)의 특정 영역 개발을 장려한다. 예술 및 문화 프로그램은 코시체와 그 지역의 문화생활에 오래 지속되는 효과가 나오도록 하는 장기적 활동의 개념에 기인한다. 주요 프로젝트 장소는 다음과 같다.

Kasárne Kulturpark: 19세기의 군사 병영은 현대 미술, 전시 및 콘서트홀 및 창조 산업을 위한 워크샵을 중심으로 새로운 도시 공간으로 변모했다.

쿤스트 할레(Kunsthalle): 1960년대 사용하지 않은 수영장이 슬로바키아 최초의 쿤스트 할레(Kunsthalle, 독일어임, 화랑 갤러리 지역을 일컬음.)로 바뀌었다.

SPOTs: 1970년대와 1980년대의 사용되지 않는 열교환기 장소를 사회주의 시절의 아파트 지구속의 문화 공간으로 바꾸었다.

도시 공원, 공원 Komenského 및 Mojzesova: 도시 공간의 활성화.

Košice의 성, Amfiteáter, Krásna의 저택, 수공예 거리: 재건.

Tabačka: 19세기 담배 공장은 독립적인 문화의 중심지로 변했다.

관광지

도심 및 대부분의 역사적인 유적지는 주요 거리(Hlavná ulica, "흘라브나 울리차") 또는 그 주변에 위치하고 있으며 슬로바키아에서 가장 많은 수의 보호 역사적 기념물을 보유하고 있다. 도시의 가장 지배적인 역사적 기념물은 슬로바키아에서 가장 큰 교회인 14세기 고딕 성 엘리자베스 성당(Dóm svätej Alžbety, "돔 스배떼이 알쥐베띠")이다. 그 성당은 중부 유럽의 서양식 고딕 건축 양식의 가장 동쪽에 있는 대성당이며 코시체 대교구의 성당이다. 이 성당 외에도 14세기 성 마이클 예배당(Kaplnka sv. Michala, "카블능까 스배떼이 미할라"), 성 도시 타워(Urbanova veža, "우르바노바 베쟈"), 네오바로크 주립 극장(Štátne divadlo Košice, "슈따트네 지바들로 코시체")이 시내 중심부에 있다.

집행자의 요새와 제방 요새는 도시의 이전 요새화 시스템의 유적이다. 성모 마리아 탄생 교회(Gréckokatolícky katedrálny chrám Narodenia presvätej Bohorodičky, "그레츠꼬까똘리츠끼 카떼드랄니 흐람 나로제니아 쁘레스배떼이 보호로디취끼")는 코시체의 그리스 가톨릭 주교구를 위한 대성당이다. 문화 및 역사적인 관심사의 다른 기념물 그리고 건물은 다음과 같다. 오래된 시청, 오래된 대학, 캡틴의 궁전, 해방 광장, 갤러리(동슬로바키아 갤러리) 및 박물관(동슬로바키아 박물관). 역사적인 시내 중심과 주요 기차역 사이에 위치한 시립 공원도 있다. 도시에는 동물원이 북서쪽에 위치해 있다.

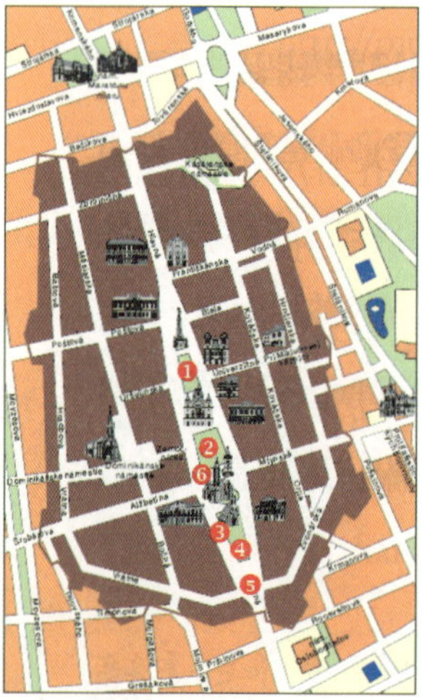

① Fontána – park za Štátnym divadlom
② Spievajúca fontána
③ Kaplnka sv. Michala
④ Park pri Kaplnke sv. Michala
⑤ Dolná brána – Archeologický komplex
⑥ Dóm sv. Alžbety a Urbanova veža

유명인사

Saint Elizabeth of Hungary(Árpád-házi Szent Erzsébet): 헝가리 공주

Leopold Horovitz: 화가

Rudolf Schuster: 슬로바키아 대통령

Martina Hingis: 여자 테니스 선수

교통/수송

코시체의 대중교통은 Dopravný podnik mesta Košice(Košice시의 대중교통 회사)에서 관리한다. 시 대중교통 시스템은 현재의 슬로바키아에서 가장 오래되었으며, 1891년에 첫 번째 말차가 가동되기 시작했다(1914년 뒤로는 전기차). 오늘날 도시의 대중교통 시스템은 버스(1950년대 이래 사용 중), 트램 및 트롤리 버스(1993년 이후)로 구성된다.

코시체 철도역은 슬로바키아 동부의 철도 허브이다. 도시는 철도로 프라하, 브라티슬라바, Prešov("쁘레쇼우"), Čierna nad Tisou("치에르나 나드 찌소우"), Humenné("훔멘네"), Miskolc("미스콜츠", 헝가리) 및 Zvolen("즈볼렌")과 연결된다. 도시의 남서쪽에는 우크라이나로부터 제철소에 이르는 넓은 게이지 트랙(1.52m 폭의 선로)이 있다. D1 고속도로는 도시를 Prešov("쁘레쇼우")와 연결하고 더 많은 고속도로와 일반 도로가 도시 주변에 건설 계획되어 있다.

코시체 국제공항은 도시의 남쪽에 위치해 있다. 런던, 돈 캐스터/셰필드, 브라티슬라바, 빈, 바르샤바, 텔 아비브, 키예프, 이스탄불 및 프라하

공항에서 정기적으로 직항 노선을 이용할 수 있다. 일반 항공편은 체코 항공, 오스트리아 항공, 다뉴브 윙스, 투르크 항공, LOT 폴란드 항공과 Wizz Air 및 KLM-에어 프랑스, 델타 항공, 루프트한자 항공, 유나이티드 항공 및 에티하드 항공이 코드 공유로 제공된다.

스포츠

유럽에서 가장 오래되었고, 전 세계에서 Boston Marathon(보스턴 마라톤)과 Yonkers Marathon(용커스 마라톤) 다음으로 3번째 오래된 코시체 평화 마라톤(1924년 시작)은 매년 10월 첫 번째 일요일에 열리고 이 도시의 역사적인 지역을 달린다.

아이스하키 클럽 'HC Košice'는 가장 성공적인 슬로바키아 하키 클럽 중 하나이다. 슬로바키아 최고의 리그인 'Extraliga'에서 뛰며 1995년, 1996년, 1999년, 2009년, 2010년, 2011년, 2013년 및 2015년에 8개의 타이틀을 수상했다. 전 '체코-슬로바키아 Extraliga' 2개의 타이틀(1986년과 1988년)을 획득하기도 했다. 2006년 이래 그들의 경기장은 8,343명의 관중을 수용할 수 있는 스틸 아레나(Steel Aréna)이다.

축구 클럽 'MFK Košice'는 현재 'Corgoň Liga'에서 뛰고 있다. 슬로바키아에서 UEFA 챔피언스 리그 조별 리그에 진출한 첫 클럽으로서 1998년과 1999년에 각각 2번 국내 리그 우승을 차지했다. 2003년 강등 후 2005년 Corgoň Liga로 돌아왔다.

주요 관심장소

Cathedral of St. Elizabeth(Dom svatej Alzbety)

위치/주소: Hlavna ul., Kosice, Slovakia

웹사이트: https://www.visitkosice.eu/sk/pamiatky/dom-sv-alzbety

Kosice Historical Centre(Mesto Košice)

위치/주소: Hviezdoslavova 7, Kosice 04001, Slovakia

웹사이트: http://kosice.sk/clanok.php?sekcia=vseobecne_info

The Singing Fountain(Spievajúca fontána(zvonkohra))

위치/주소: Hlavná, 040 01 Staré Mesto, Kosice, Slovakia

Zoo Kosice

위치/주소: Siroka 31, Kosice 040 06, Slovakia

웹사이트: http://www.zookosice.sk/

Immaculata-Plague Monument (Morovy stlp)

위치/주소: Hlavna 79, Kosice 040 01, Slovakia

웹사이트: https://www.visitkosice.eu/sk/pamiatky/immaculata

State Theatre Kosice(Štatne Divadlo Košice)

위치/주소: Hlavna ulica 58, Kosice, Slovakia

웹사이트: http://www.sdke.sk/

Miklus Prison(Miklušova väznica)

위치/주소: Pri Miklushovej vaeznici 10, Kosice 040 01, Slovakia

웹사이트: http://www.visitkosice.eu/en/monuments/miklus-prison

Tabacka Culture Centre (Kulturfabrik Kulturne Centrum)

위치/주소: Gorkeho 2, Kosice 040 01, Slovakia

웹사이트: http://www.tabacka.sk/

Kaplnka svateho Michala(Kostol sv. Michala)

위치/주소: Hlavne Namestie, Kosice 040 01, Slovakia

웹사이트: http://www.visitkosice.eu/sk/pamiatky/kostol-sv-michala

Jakab Palace(Jakabov Palác)

위치/주소: Mlynska, Kosice 040 01, Slovakia

St. Urban's Tower(Urbanova veža)

위치/주소: Hlavna ulica 50, Kosice, Slovakia

The Memorial of the Peace Marathon(Pamätník Medzinárodného maratónu mieru)

위치/주소: Nam. Maratonu mieru 2, Kosice 040 01, Slovakia

Botanical Garden(Botanická záhrada)

위치/주소: Manesova St., 23, Kosice, Slovakia

웹사이트: https://www.upjs.sk/en/departments/botanical-garden/

Aupark Kosice(Shopping mall)

위치/주소: Nam. Osloboditelov 1, Kosice 040 01, Slovakia

웹사이트: https://www.auparkkosice.sk/

City Park (Mestsky Park)

위치/주소: 040 01 Staré Mesto

Eastern Slovak Museum(Východoslovenské múzeum)

위치/주소: Námestie Maratónu mieru 2, 040 01 Košice

웹사이트: http://www.vsmuzeum.sk/

Slovak Technical Museum Kosice(Slovenské technické múzeum)

위치/주소: Hlavna 88, Kosice 040 01, Slovakia

웹사이트: http://stm-ke.sk/

Geyser of Herl'any(Herliansky gejzír)

위치/주소: Her any, Kosice, Slovakia

웹사이트: http://whc.unesco.org/en/tentativelists/1741/
herlany.ocu.sk

Archeological complex Dolna Brana (Dolna Brana Archeologicky komplex)

위치/주소: Kosice 040 01, Slovakia

웹사이트: http://www.visitkosice.eu/sk/pamiatky/dolna-brana

Easternslovak gallery (Vychodoslovenska galeria)

위치/주소: Hlavna 27, Kosice 040 01, Slovakia

웹사이트: http://www.vsg.sk/

러시아 송유관이 지나가는

Michalovce("미할로우체")

지 역	Košice
지 구	Michalovce
해발 고도	115m(377ft)
인 구	40,027명(2011년 12월 31일)
우편 번호	071 01
전화 번호	+ 421-56
자동차 번호판	MI
웹사이트:	http://www.michalovce.sk

Michalovce("미할로우체" 발음에 가까움. 헝가리어: Nagymihály, 독일어: Großmichel, 로마니어: Mihalya, 이디시어: Mikhaylovets 또는 Mykhaylovyts, 우크라이나어: Михайлівці)는 슬로바키아 동부의 Laborec("라보레츠") 강에 있는 도시이다. 원래 대천사 성 미할(영어로는 성 마이클)의 이름을 따서 지어졌으며, Košice(코시체) 지역에서 두 번째로 큰 도시이고 Michalovce("미할로우체") 지구에 자리 잡고 있다.

이 도시는 브라티슬라바 수도에서 동쪽으로 약 360km 떨어진 시라바 호수(Zemplínska šírava) 기슭에 위치하고 있으며 우크라이나 국경 바로 옆에 있다. 농업이 활성화되어 있고, 인접한 호수와 화산이 관광지로 유명하다. 또한, 러시아로부터 우크라이나, 벨라루스, 폴란드, 헝가리, 슬로바키아, 체코, 독일에 이르는 세계에서 가장 긴 송유관 'Druzhba pipeline'으로도 유명하다. 최신 인구 조사에 따르면 도시 인구는 40,255명으로, 대도시 인구는 109,121명으로 나오는데 Michalovce는 동부 슬로바키아에서 대형 도시 중 하나이다.

주요 관심장소

Zemplinska Sirava Dam (Zemplinska sirava)

위치/주소: Michalovce, Slovakia

웹사이트: http://www.sirava.info/

Jovsianska Hrabina(Nature Preserve/forest)

위치/주소: Michalovce 07232, Slovakia

Thermal SIRAVA SPA RESORT

위치/주소: Kaluza 780, Kaluza 072 36, Slovakia

웹사이트: http://www.thermalsirava.sk/

폴란드에 저당 잡힌

Spišská Nová Ves(스피스카 노바 베스/"스삐쉬까 노바 베쓰")

지 방	Košice
지 구	Spišská Nová Ves

해발 고도	430m(1,411ft)
인 구	37,795명(2013년 12월 31일)
우편 번호	052 01
지역 번호	+ 421-53
자동차 번호판	SN
웹사이트:	www.mestosnv.sk

Spišská Nová Ves(스피스카 노바베스, "스삐쉬까 노바 베쓰" 발음에 가까움.)는 슬로바키아의 Košice("코시체") 지역에 있는 마을이다. 이 마을은 Spiš("스삐쉬") 지역의 High Tatras(Vysoké Tatry, "비쏘께 따뜨리")의 남동쪽에 위치하고 있으며 Hornád("호르나드") 강 유역에 위치하고 있다. Spišská Nová Ves 지구(Okres/"오끄레스")의 가장 큰 도시이기도 하다.

인근 관광 명소로는 중세풍의 마을인 Levoča("레보차"), Spiš("스삐쉬") 성 및 슬로바키아 파라다이스 국립 공원(Slovenský raj, "슬로벤스끼 라이")이 있다. 2년마다 열리는 음악 축제인 Divertimento musicale("디베르티멘토 뮤지칼레")가 이곳에서 열리고 슬로바키아 전역의 아마추어 음악 앙상블이 열린다.

이름과 어원학

마을 이름은 오래된 슬라브족 정착지 이름 Iglov("이글로우". 이 마을의 오래된 이름)와 독일 식민지(라틴어: Villa Nova, 독일어: Neudorf, 슬로바키아어: Nová Ves– "새로운 마을"을 뜻함.)의 합병된 마을 이름에서 기인한다. Iglov

는 슬라브 단어 igla(현대 슬로바키아어에서는 ihla– "바늘"을 뜻함.)에서 파생된 것으로 추정된다. 다른 설은 슬라브어 jug("남쪽"을 뜻함.) 혹은 Juglava/Iglava/Iglov("밝은 곳", "작은 빈터"를 뜻함.)에서 유래되었다는 가설이다. 그 이름은 헝가리 사람들에게 이글로(Igló)로 채택되었다.

역 사

1412년 Spišská Nová Ves("스삐쉬까 노바 베스")를 포함한 다른 여러 Spiš("스삐쉬") 마을들이 헝가리의 지그문투(Sigmund) 왕으로부터 폴란드 왕 Vladislaus II Jagiełło("블라디슬라우스 야기예로") 왕에게 저당을 잡혔다. 이 저당 서약은 360년간 지속되었다.

볼거리들

Spišská Nová Ves("스삐쉬까 노바 베스")는 마을 자체뿐 아니라 인근 슬로바키아 파라다이스 산의 독특한 자연미로 인해 오늘날 인기 있는 관광 명소가 되었다. 마을의 중심은 중세 도시의 전형적인 렌즈 형태의 광장이다. 이 마을은 Spiš("스삐쉬") 지역의 문화, 행정 및 비즈니스 중심지이며, 예술과 역사적인 기념물이 풍부하다.

가장 먼저 마을의 중앙에 서 있는 Kostol Nepoškvrneného počatia Panny Márie("꼬스똘 네뽀쉬끄브네네호 뽀챠찌아 빠니 마리에") 교회는 고딕 양식의 교회이다. 건축 시기는 14세기로 거슬러 올라가며 그 건축물은 부분적으로 보존되었다. 성모 마리아의 대관식(Coronation) 조각품은, Spiš("스삐쉬") 지역에서 가장 아름다운 작품으로 간주된다. 그것은 Master Paul of Levoča(Majster Pavol z Levoče, 거장 '빠볼' 조각가)의 조각을 포함하고 있다. 교회 탑은 높이 87m로 슬로바키아에서 가장 높은 교회 탑이다. 네오 고딕 탑은 1893년에 지어졌으며 건축가인 Imrich Steindl("임리흐 스따인들")에 의해 만들어졌다. 이 교회에는 여러 가지 전례 보물이 있다. 교회 천장에는 전도사와 악기 연주를 하는 4명의 천사와 함께 초기 르네상스 그림이 포함되어 있다.

마을 회관 옆에 서 있는 복음주의 교회는 1790년과 1796년 사이에 고전주의 양식으로 지어졌다. 십자가 형태의 평면도가 있다. 그중 하나는 덴마크 화가 Stunder("스툰데르")가 그린 올리브 산에 있는 제단 조각을 볼 수 있다. 우물은 선한 사마리아인과 함께하는 그리스도의 설화 석고로 장식되어 있다.

또 다른 귀중한 건축 기념물은 현재 Spiš("스삐쉬") 박물관을 보유하고 있는 지방청이다. 그곳은 바로크 양식의 외관을 가지고 있지만 지하의 건축 시기는 13세기부터 거슬러 올라간다. 지방청은 1777년까지 중세 시대의 타운 홀이었다. Jan Jiskra("얀 이스끄라", 체코 용병 전술가)와 Vladislav(블라디슬라브) 헝가리 왕이 1443년 평화 조약을 맺은 곳이 바로 이 지방청이다. 이 건물의 정면 외벽에는 아치 중간에 16개 Spiš 마을의 문장과 함께 'Levoca' 게이트가 있다

타운 홀은 1777~1779년 사이에 클래식 스타일로 지어졌으며 1990년대 중반에 재건되었다. 주요 입구가 북쪽에 있는 반면, 건물 정면은 남쪽을 향하고 있다.

극장 건물 'Reduta'는 부다페스트 건축가인 Koloman Gerster("콜로만 게르스테르")가 1899년에서 1902년 사이 아르누보 양식으로 지었다. 무대 벽은 슬로바키아 현지 예술가인 Jozef Hanula("요제프 하눌라")가 벽화로 장식했다. 현재 이 건물은 극장, 풍성한 장식을 자랑하는 콘서트 홀 그리고 레스토랑을 갖추고 있다.

주요 관심장소

Slovak Paradise National Park(Národný park Slovenský raj)

위치/주소: Hrabusice, Spisska Nova Ves, Slovakia
웹사이트: http://npslovenskyraj.sopsr.sk/

Zoo Spisska Nova Ves (Zoologicka Zahrada Spišska Nova ves)

위치/주소: Sadova 6, Spisska Nova Ves 052 01, Slovakia
웹사이트: https://www.zoosnv.sk/

Church of the Virgin Mary's Assumption(Rímskokatolícky farský kostol Nanebovzatia Panny Márie)

위치/주소: Radnicne namestie 6, Spisska Nova Ves, Slovakia
웹사이트: http://www.spisskanovaves.eu/spisska_nova_ves/o_meste/pamiatky/rimskokatolicky_farsky_kostol_nanebovzatia_panny_marie/index.html

Klastorisko (Slovak paradise national park의 일부)

위치/주소: Spisska Nova Ves, Slovakia
웹사이트: http://www.klastorisko.eu/

Palcmanska Masa Dam

위치/주소: 049 73 Dedinky

Markusovce Residence and Summer Villa (Kastiel a Letohradok Markusovce)

위치/주소: Michalska 59, Markusovce, Slovakia

웹사이트: http://www.muzeumspisa.com/mar.php?text=kastiel

오스트리아-헝가리 제국의 가장 아름다운 공원 마을

Trebišov(트레비쇼프/"뜨레비쇼우")

지 역	Košice
지 구	Trebišov
해발 고도	109m(358ft)
인 구	23,152명(2005년 12월 31일)
우편 번호	075 01
지역 번호	+ 421-56
자동차 번호판	TV
웹사이트:	www.trebisov.sk

Trebišov(트레비쇼프, "뜨레비쇼우" 발음에 가깝다. 헝가리어: Tőketerebes, 독일어: Trebischau)는 슬로바키아 동부의 작은 산업 단지로 인구는 약 23,000명이다. 이 마을은 기계 및 건축 자재 산업이 발달해 있고, 행정, 경제 및 문화 중심지이다.

주목할 만한 건축물

로마 가톨릭 교회 성모 마리아의 성모 영보 대축일(Parish Church of the Visitation(Farský kostol navštívenia Panny Márie)

교회는 1404년으로 거슬러 올라간다. 이곳은 고딕 건축물의 좋은 예시다. 교회에는 주요 부분과 통로 교회가 있다. 내부는 제단, 벽화 및 승리 아치로 이루어져 있다. 천장에는 성모 마리아의 삶을 채색한 장면들이 있다. 교회에는 János("야노스") 와 Imre Perényi("임레 뻬레니") 두 개의 대리석 묘비가 있다.

위치/주소: Jána Kostru, 075 01 Trebišov
웹사이트: trebisov.rimkat.sk

폴린 수도원(Pavlínsky kláštor)/Art school(Základná umelecká škola)

수도원은 1502년에 지어졌으며 2년 후 Imre Perényi("임레 뻬레니")는 폴린(로마 가톨릭의 수도원 질서) 승려를 수도원에 초대했다. 르네상스 수도원 건물은 'L' 모양의 교회와 남쪽 동으로 바로 연결되어 있다. 수도원은 1678년과 1760년에 재건되었다. 1786년 조셉 2세(Joseph II) 왕이 내린 Pauline 질서에 대한 제거 명령으로, 수도원은 원래의 기능을 잃었으며 다른 많은 목적으로 사용되었다. 이제는 초등 예술 학교와 로마 가톨릭 교회 관청이 있다.

위치/주소: 252/ 075, Mariánske námestie 94/5, 078 01 Veľké Ozorovce-Trebišov
웹사이트: zustrebisov.sk

Immaculata("**이마쿨라타**")/Mariánske súsošie

Immaculata는 알려지지 않은 조각가의 예술 작품이다. 그것은 1800년경에 세워졌다. 세 개의 동상이 있다. 주요 상은 마돈나가 뱀을 짓밟는 것이다. 그녀의 오른쪽에는 St. John of Nepomuk(성 "요한 네뽀묵") 동상이 있다. 그녀의 왼쪽에는 후원자이자 불의 보호자인 성 플로리안(St. Florian)의 동상이 있다. 이들은 제3의 장소에 자주 놓였다. (원래 영주 저택 앞에 놓여있었다.) 1907년에 도시 공원의 끝에 있는 교회의 남쪽으로 옮겨졌다. 1980년대 복원되어 로마 가톨릭 교회와 그리스 가톨릭 교회 사이에 놓여졌다.

위치/주소: Trebišov, 075 01 Trebišov
웹사이트: http://www.trebisov.sk/kulturne-pamiatky/marianske-susosie

성모 마리아의 승천의 그리스 가톨릭 교회(Chrám zosnutia Presvätej Bohorodičky)

교회의 초석은 1817년에 세워졌다. 1818~1825년 건축가 József Turcsány(조세프 투르츠싸니)가 건축했다. 1886년에, 그 내부는 재건되었다. 성모 마리아의 죽음, 예수 그리스도, 성 니콜라스, 십이 사도, 성모 마리아, 침례 요한 등 많은 아이콘이 있다. 1920년대에는 Georgij("조르지")라는 교회 종이 추가 설치되었다.

위치/주소: Jána Kostru, 075 01 Trebišov
웹사이트: grkattv.wordpress.com

파리 성(Parič Castle/Hrad Parič)**의 유적**

물의 성의 제1차 건설 시기는 12세기에서 13세기까지 거슬러 올라간다. 발견된 도자기 조각이 이것을 확인한다. 석재 기반의 벽돌로 만들어진 다각형 구조는 14세기 초 제2차 건설되었다. 연구에 따르면 서쪽의 요새와 동시에 초기 고딕 양식의 궁전이 세워졌다. 성곽의 동쪽에 사각 입구 탑이 세워졌고 안뜰에는 돌로 요새화되어진 우물이 있다.

위치/주소: Mestský park 2563/5, 075 01 Trebišov
웹사이트: http://www.trebisov.sk/kulturne-pamiatky/nizinny-vodny-hrad-paric

Trebišov **공원**/ Mestský park(Andrássiovský historický park - Mestský park Trebišov)

Trebišov("뜨레비쇼우") 공원은 62헥타르의 면적을 차지한다. 공원은 원래 늪지대 숲의 일부였다. 공원은 18세기에 계획되기 시작했다. 오늘날 이 공원은 레크리에이션, 문화 및 사회 행사, 역사 및 고고학 유적지로 사용된다. 공원 지역에는 주목할 만한 동물군과 식물군과 더불어 역사적 기념물들이 있다.

위치/주소: Mestský park 2563/5, 075 01 Trebišov
웹사이트: http://www.trebisov.sk/kulturne-pamiatky/mestsky-park

성령의 교회/ Parish Church of the Visitation(Farský kostol navštívenia Panny Márie)

이 교회는 Trebišov("뜨레비쇼우") 에서 가장 오래된 교회 중 하나이다. 그 교회는 자연 과학자 센터에서 우연히 발견되었다. 그 존재는 1332~1337년 교황청의 기록에서 확인했다. 고고학적 연구에 따르면 교회는 직사각형의 굴이있다. 보석, 의류 및 동전이 16 개의 무덤에서 발견되었다. 여기에는 12세기 후반부터 13세기 초반의 귀걸이, 고리, 헝가리 동전, 동방 교회(Kyjevská Rus)에 속한 3개의 청동 십자가가 포함되었다.

위치/주소: Jána Kostru, 075 01 Trebišov
웹사이트: trebisov.rimkat.sk

마을 공원에 있는 Andrássy 가족의 영묘/ Mausoleum of Count Júliusa Andrássyho(Mauzóleum rodiny grófa Júliusa Andrássyho)

영묘는 Trebišov에서 가장 아름다운 기념물 중 하나이다. 그것은 독일 건축가인 Arthur Meinig("아써 마이닉")에 의해 1893년에 네오 고딕 양식으로 지어졌다. 석관은 1893~1895년의 헝가리 조각가인 György Zala("죠르지 잘라")의 작품이다. 무덤에는 오스트리아-헝가리(1867)의 총리였던 Gyula Andrássy("귤라 안드라씨")의 무덤이 있다. 석관 안에는 아내 Katalin Andrássy("카탈린 안드라시")의 유품이 있다. 석관 위에는 세 명의 엠블럼과 그의 아내가 있는 두 개의 청동 지팡이가 있다. 그 옆에 Tódor Andrássy("토도르 안드라씨", 1857~1905)의 주석관이 있다. 천사의 조각품이 있다. 석관 근처에는 Lajos Batthyány("라요스 바티야니")의 부인인 Helena("헬레나")의 청동 조각상이 있다. 내부에는 별이 빛나는 둥근 천장과 네오 고딕 양식의 창문이 있다.

위치/주소: Mestský park 2563/5, 075 01 Trebišov

웹사이트: http://www.trebisov.sk/kulturne-pamiatky/mauzoleum-grofa-juliusa-andrassyho

국립 역사 박물관/ Museum and Cultural Center of the Southern Zemplín(Múzeum a Kultúrne centrum južného Zemplína)

1786년, Imre Csáky("임레 챠키")는 위대한 바로크 양식의 성의 건설을 시작했다. 3개의 동을 가진 그 성은 U자 모양의 평면도를 가지고 있다. 테라스는 8개의 고전적인 기둥에 의해 지지된다. 바로크식 방공벽에는 Csáky("챠키")와 Andrássy("안느라씨") 가문의 엠블럼이 있다. 성곽에는 분수와 미로가 있는 큰 프랑스 정원이 있다. 1916년부터 성은 군대의 병영과 제2차 세계 대전 후에는 병원으로 사용되었다. 오늘날의 성은 국립 역사 박물관으로 사용되고 있다.

위치/주소: Trebišov, 7501
웹사이트: muzeumtv.sk

슬로바키아 자동차 번호판

번호판 코드	지구/지방
BA, BD, BE, BI, BL, BT	Bratislava
BB, BC, BK	Banská Bystrica
BJ	Bardejov
BN	Bánovce nad Bebravou
BR	Brezno
BS	Banská Štiavnica
BY	Bytča
CA	Čadca
DK	Dolný Kubín
DS	Dunajská Streda
DT	Detva
GA	Galanta
GL	Gelnica
HC	Hlohovec
HE	Humenné
IL	Ilava
KA	Krupina

KE, KC, KI	Košice
KK	Kežmarok
KM	Kysucké Nové Mesto
KN	Komárno
KS	Košice-okolie
LC	Lučenec
LE	Levoča
LM	Liptovský Mikuláš
LV	Levice
MA	Malacky
MI	Michalovce
ML	Medzilaborce
MT	Martin
MY	Myjava
NR, NI, NT	Nitra
NM	Nové Mesto nad Váhom
NO	Námestovo
NZ	Nové Zámky
PB	Považská Bystrica
PD	Prievidza
PE	Partizánske

PK	Pezinok
PN	Piešťany
PO, PV, PS	Prešov
PP	Poprad
PT	Poltár
PU	Púchov
RA	Revúca
RK	Ružomberok
RS	Rimavská Sobota
RV	Rožňava
SA	Šaľa
SB	Sabinov
SC	Senec
SE	Senica
SI	Skalica
SK	Svidník
SL	Stará Ľubovňa
SN	Spišská Nová Ves
SO	Sobrance
SP	Stropkov
SV	Snina

TT, TA, TB	Trnava
TN, TC, TE	Trenčín
TO	Topoľčany
TR	Turčianske Teplice
TS	Tvrdošín
TV	Trebišov
VK	Veľký Krtíš
VT	Vranov nad Topľou
ZA, ZI, ZL	Žilina
ZC	Žarnovica
ZH	Žiar nad Hronom
ZM	Zlaté Moravce
ZV	Zvolen

에필로그

친누나와 조카가 이탈리아 로마로 유럽 여행을 온다고 한다. 로마에서 4일 정도 지내고, 피렌체(플로렌스)로 넘어오고, 베니스 거쳐, 스위스, 파리로 향한다고 한다. 피렌체는 슬로바키아에서 그리 멀지 않은 곳에 있음에 불구하고 아직 가본 적이 없어, 여름휴가라 생각하고 피렌체에서 가족 상봉을 하기로 했다. 슬로바키아 수도 브라티슬라바에서 오스트리아 빈 공항을 가는 버스를 타고, 빈에서 피렌체 비행기를 탄다. 약 1시간 30분이 지나니 피렌체 도시가 하늘로부터 보인다.

아 그런데, 이렇게 비행기 고도가 높아도 되나? 비행장 위치는 피렌체 북서쪽으로 이해하고 있는데, 이미 그곳을 지나 시내 중심에 있는 도우모 성당까지 감상하는 기회를 얻는다. 이상하다. 비행기는 피렌체 도시를 지나더니 고도를 급상승시킨다. 쭈욱 올라가더니 비행기가 오른쪽으로 큰 회전을 한다. GPS로 현재 위치를 본다. 다시 피렌체 근처를 지나 이제는 스위스 방향으로 향한다. 파일럿 양반이 졸았나? 얼떨결에 스위스 구경하게 생겼다. 그러더니 다시 90도 방향으로 우측으로 돈다. 기내 방송이 나온다. 피렌체 공항에 착륙할 수가 없어서, 볼로냐 공항으로 향한단다.

승객들이 불안해하고 소곤거리기 시작한다. 볼로냐는 피렌체에서 차량으로 대략 1시간 20분 거리에 있는 도시로 볼로나의 라자나, 파스타, 스파게티, 미트볼은 세계 최고 음식 중 하나이다. 살다 살다 비행기가 원래 도착지가 아닌 다른 도시에 내리는 건 처음이다. 오후 피사의 사탑을 보기로 한 일정은 당연히 취소된다. 오후 3시 반이면 피렌체 시내에 있었어야 하는데, 오후 7시 넘어서야 가족과 상봉을 한다. 고생한 보람을 만회하고자 그 유명하다는 스테이크 집에서 고기를 배 터지게 먹고, 와인 한 병을 깐다. 이탈리아에서 가족과 함께하는 시간은 마냥 즐겁다. 베니스에서 베드버그(빈대)를 120방 물리고 돌아왔어도 또 다른 추억이겠거니 하고 즐겁게 넘긴다.

슬로바키아는 중유럽, 동유럽에 위치해서 유럽 나라들과의 근접성은 최고이다. 또한, 저가 항공사가 브라티슬라바 공항을 주요 거점으로 삼아서, 참 저렴한 가격으로 유럽의 이곳저곳을 다 다니는 기회를 제공한다. 더 멀리 가고자 한다면, 30분 거리에 있는 빈 국제공항이 있어 그곳엔 비행기들이 바글바글하다.

처음에 슬로바키아에 오는 사람은 이 작은 규모, 이 작은 영토 크기에 실망하는 사람이 적지 않다고 한다. 그러나 그 실망을 즐거움으로 바꾸는 데는 그리 오래 걸리지 않는다. 한국 사람이라 하면 반겨주고, 아시아인에 대한 인종 차별이 덜하고, 식료품, 생필품들의 저렴한 가격에 놀라고, 가격 성능비 우수한 와인, 맥주에 감동받을 뿐 아니라 슬로바키아 내에서는 물론 주변의 도시, 빈, 부다페스트, 프라하에서의 충분히 그리고 지나치게 만족할 수 있는 문화 활동 가능한 환경에 금방 반하게 된다. 한번 발붙이면, 참 떠나기 싫은 곳이 이곳이 아닐까? 와 보시면 자연스레 알게 된다.

혹시나 여기 슬로바키아에 여행 오려면, 여유 있게, 편안한 마음으로 오셨으면 좋겠다. '슬로우바키아'에서 그냥 '슬로우'하게 다니시며, 좋은 추억을 만드셨으면 한다. 유명 관광지에 얼굴 도장 찍고 사진만 찍으러 오신다면 인터넷 검색으로 사진 무한 검색이 가능하오니, 그냥 여기로는 오시지 마시고 가까운 옆 동네 관광 명소로 가셨으면 좋겠다. 착한 사람, 검소한 사람, 여유 있는 사람, 그리고 마음이 따뜻한 사람들과 여기 슬로바키아에서 커피 한잔 했으면 좋겠다. 시원한 맥주 한잔하면 더할 나위 없겠다. 특히나 낮술이라면 너~!

동유럽
슬로바키아

펴 낸 날 2018년 12월 20일

지 은 이 최성옥
펴 낸 이 최지숙
편집주간 이기성
편집팀장 이윤숙
기획편집 최유윤, 이민선, 정은지
표지디자인 이윤숙
책임마케팅 임용섭, 강보현
펴 낸 곳 도서출판 생각나눔
출판등록 제 2008-000008호
주 소 서울 마포구 동교로 18길 41, 한경빌딩 2층
전 화 02-325-5100
팩 스 02-325-5101
홈페이지 www.생각나눔.kr
이 메 일 bookmain@think-book.com

• 책값은 표지 뒷면에 표기되어 있습니다.
ISBN 978-89-6489-932-8 (03980)

• 이 도서의 국립중앙도서관 출판 시 도서목록(CIP)은 서지정보유통지원시스템 홈페이지(http://seoji.nl.go.kr)와 국가자료공동목록시스템(http://www.nl.go.kr/kolisnet)에서 이용하실 수 있습니다(CIP제어번호: CIP2018039533).